与往事握手言和，对未来温柔以待

蔡万刚 著

天津出版传媒集团
百花文艺出版社 天津人民出版社

图书在版编目（CIP）数据

与往事握手言和，对未来温柔以待 / 蔡万刚著．—
天津 ：百花文艺出版社 ：天津人民出版社，2019.4
ISBN 978-7-5306-7693-6

Ⅰ．①与… Ⅱ．①蔡… Ⅲ．①成功心理—通俗读物
Ⅳ．① B848.4-49

中国版本图书馆 CIP 数据核字（2019）第 024402 号

与往事握手言和，对未来温柔以待
YU WANGSHI WOSHOUYANHE， DUI WEILAI WENROUYIDAI

责任编辑：朱佳瀛
封面设计：朱晓艳
出版发行：百花文艺出版社
地址：天津市和平区西康路35号康岳大厦　　邮编：300051
电话传真：+86-22-23332651（发行部）
+86-22-23332656（总编室）
+86-22-23332478（邮购部）
主页：http://www. baihuawenyi. com
印刷：北京溢漾印刷有限公司
开本：710mm × 1000mm　1/16
字数：160千字
印张：15
插页：0
印次：2019年4月第1版印刷
版次：2019年4月第1版
定价：42.80元

如有印装质量问题，请与北京溢漾印刷有限公司联系调换
地址：北京市怀柔区桥梓镇前茶坞村南甲18号
电话：（010）51041067 邮编：101402

前言

每一段时光，都有自己的使命。

如果决定放下过去，那段时光的使命也就完成了，因为，它教会了你成长。

我们每个人，都会遇到让自己始料不及又黯然神伤的事情。也许是光阴的虚度，也许是曾经的歧路，也许是生命的磨难，也许是感情的背叛……总之，人生总有那么多的措手不及与不堪回首。

当我们的生命遭遇事故时，不妨学学莫言先生的处事态度：

“人生在世，注定要受许多委屈。而一个人越是成功，他所遭受的委启也越多。要使自己的生命获得价值和炫彩，就不能太在乎委屈，不能让它们揪紧你的心灵、扰乱你的生活。要学会一笑置之，要学会超然待之，要学会转化势能。智者懂得隐忍，原谅周围的那些人，在宽容中壮大自己。”

曾几何时，我们也曾幼稚并天真，叛逆与不羁，我们一意孤行做过许多错事，也曾因为这些错事受到种种伤害，心下凄然，忏悔不已。然而桐华说过：“我愿用此后所有的时光善待自己，以缅怀那些生命中永不会失去的曾经。”于我们而言，“往者不可谏，来者犹可追”。我们应该做的，不是缅怀流失的光阴，对过往耿耿于怀，而是要珍惜当下，对未来温柔以待。

与往事握手言和，对未来温柔以待。当你与往事和解，当你不再与自己的内心抗衡，你会知道，所有的所有，都是为了生命的成长做的铺垫。

你越成长，越会明白，过去的一切，零碎的，完整的，不堪的，确幸的，都是你人生的一部分。就像一面镜子放在阳光下，有耀眼的一面，也有阴暗的一面，但这光和影的呈现，才是一个真实的存在。

所以，过去的，失去的，就不要耿耿于怀。无论走到生命的哪一个阶段，都该喜欢那一段时光，完成那一阶段该完成的职责，顺生而行，不沉迷过去，不戚戚地恐惧未来，生命这样就好。不管正经历着怎样的挣扎与挑战，或许我们都只有一个选择：虽然痛苦，却依然要快乐，并相信未来。

老天给了每个人一条命，一颗心，把命照看好，把心安顿好，人生即是圆满。

目 录

辑一　忘乱

好记忆，其实是个坏东西

我们就像蚕一样，每每想起痛苦的过往，就会在心里缠绕一层紧紧的丝，结成一个厚厚的茧，把旧疮封裹在里面。如果没有勇气将茧撕破，那些残忍的事情就会永远留在心中，蠢蠢欲动。

辑二　自喜

爱自己，一切都是自由的

当我们真正开始爱自己，我们不再牺牲自己，不再活在别人的世界里，只做有趣和快乐的事情，做自己喜欢、让自己欢喜的事情，用我们的方式、我们的节奏。我们会认识到，所有的痛苦和折磨，都只是提醒我们：不要违背自己的本心。

辑三　疗愈

在充满压抑的世界中，找回平和

我们总是乐于去劝解别人，但自己遭遇心结却难以化解。其实，最难劝的是自己。

如果你内心平和，那么无论发生什么，你都能坦然以对。生命可以很艰难，但它不需要压抑。无论如何，你应该笑着过活，并有所收获。

辑四　佛系

你和喜悦之间，只差一点不在意

人生总有痛苦相随，烦恼总是不请自来。其实，痛苦源于心灵反应，烦恼始于计较的心。所以，如果想要活得幸福，就要更加重视自己快乐的心理反应；想要远离痛苦，就要尽量避免不快乐的心理反应。

辑五　乐善

摆脱坚硬的壁垒，修得一颗柔软心

在这个社会上生存，有的时候不得不防御，有的时候也要为自己筑造壁垒。但是，无论什么时候，都要做一个善良温暖的人，虽然善良不一定会受到尊重。但你要一直保持心灵上的高贵，保持对这个社会的宽容和理解。

辑六　梦景
把苍茫人生，过成自己喜欢的样子

生活与梦想时常背道而驰，但你不能随波逐流。残酷的世界或许让我们胆战心惊，淡化了我们对美好事物的追求和热爱。这万万不能！从对世界的恐惧中抽身出来，和自己的心灵对话，不戚戚于过去，不畏惧将来，把生活过成你喜欢的样子。

辑七　由己
为了自己，选择有态度地活着

有态度地活着，那是一种美好。每个人都想要活得快乐、随性、自由，但我们却经常把自己的人生交给别人操纵，而把真正的自己遗忘在角落。一个人的时候，好好问问自己：“你想要的究竟是什么？”

辑八 从容
人生最曼妙的风景，就是内心的淡定

我们的人生，就是一场红尘炼心的修行。从容，能让我们坦然面对一切苦难。这个世界，与命运最强大的抗争，不是打到筋疲力尽，而是活得淡定从容。不狂喜，亦不痛苦，碧海无波，细水长流，享受生命每一刻的喜悦，那么我们即使不死，也在天堂。

辑九　极简

扔掉90%的拖累，找到生命的真意

多余的忙碌威胁着生命的幸福。我们太忙碌，总想用最少的时间完成最多的事情，从而忽视了体会快乐。如何才能享受生活？关于这个问题，一个坏消息是，世界上没有魔法，我们只能简化忙碌的生活，才能享受幸福；而一个好消息是，简化生活并不会影响我们成功。

辑一　忘乱

好记忆，其实是个坏东西

我们就像蚕一样，每每想起痛苦的过往，就会在心里缠绕一层紧紧的丝，结成一个厚厚的茧，把旧疮封裹在里面。如果没有勇气将茧撕破，那些残忍的事情就会永远留在心中，蠢蠢欲动。

忘记，不铭记

人的本性中有一种叫作记忆的东西，美好的容易记着，不好的则更容易记着。所以大多数人都会觉得自己不是很快乐。那些觉得自己很快乐的人是因为他们恰恰把快乐的记着，而把不快乐的忘记了。这种忘记的能力就是一种宽容，一种心胸的博大。

生活中，常常会有许多事让我们心里难受。那些不快的记忆常常让我们觉得如鲠在喉。而且，我们越是想，越会觉得难受，那就不如把心放得宽阔一点，选择忘记那些不快，这是对别人，也是对自己的宽容。

有一位百岁高龄的老奶奶，思维敏捷，耳聪目明，脸色红晕。人们惊叹之余，开始请教她长寿的秘诀。老人笑呵呵地说："多吃素食，性格开朗，心情豁达；凡事能拿得起，更要放得下……"老奶奶强调最多的就是要学会忘记痛苦，忘记烦恼，忘记仇怨，要铭记善施，铭记恩情，感恩报德。

其实，记忆对人本身就是一种馈赠。心胸宽阔的人，用它来馈赠自己，但同时它也是一种惩罚，心胸狭窄的人则用它惩罚自己。所以说，有时候，记忆不要太好，人最大的烦恼就是记性太好。

有师徒二人在山上修行。徒弟很小就来到山上，从未下过山。

徒弟长大后，师父带他下山化缘。由于长期离群索居，徒弟见了牛羊鸡犬都不认识。师父一一告诉徒弟：“这叫牛，可以耕田；这叫马，人可以骑；这叫鸡，可以报晓；这叫狗，可以看门。”

徒弟觉得很新鲜。

这时，走来一个少女，徒弟惊问：“这又是什么？”

老和尚怕他动凡心，因而正色说道：“这叫老虎，人要接近她，就会被吃掉。”

徒弟答应着。

晚上他们回到山顶，师父问：“徒儿，你今天在山下看到了那么多东西，现在可还有在心头想念的？”

徒弟回答：“别的什么都不想，只想那吃人的老虎。”

如果把所有的事情都缠绕在心上，时常想起，时常痛苦。所以，与其纠结于心，不如看淡，看轻。生活的真谛在于宽恕与忘记。宽恕那些伤害过我们的人和事，忘记那些不值得铭记的东西。忘记是品质的提升，是心态的调和，更是生命的沉淀。

忘记与铭记是一对孪生兄弟，二者不可偏取其一，否则必遭极端之苦，必受偏废之痛。所以，我们在忘记的同时也需要有一些铭记，铭记生活中的美好，铭记值得铭记的事，而把该忘记的忘记。

扔掉那些沉重的包袱

生命的原始状态，原本不奉送行囊，走的路多了，便背上了一个又一个的包袱。

然而，生命的承载有限，背负不了太多的杂物，什么都不想放下，最终便成了拖累，得来的只能是身心俱惫。果断地放弃、决然地忘记，是对生活的一种清醒选择。

古时候，两军交战，百姓纷纷离开家乡，以避战乱。一伙百姓匆匆忙忙逃到河边，他们丢下了身上所有的重物，包括贵重的物件，拥挤着登上了仅有的一条渡船，船家正要开船，岸边又赶来一个人。

他不停地挥手、叫喊，苦苦恳求船家把他也带上。船家回答说："我这条船已经载了很多人，马上就要超载了，你要是想上船过岸，就必须把身上的大包袱统统扔掉，否则船会被压沉的！"

那人迟疑不决，包袱里可是他的全部家当。

船家有些不耐烦，催促道："快扔掉吧！这一船人谁都有舍不得的东西，可他们都扔掉了。如果不扔，船早就被压沉了。"

那人还在犹豫，船家又说："你想想看，包袱和人到底孰轻孰重？是这一船人的性命重要，还是你的包袱重要？你总不能让一船人都因为你的包袱惶恐不安吧！”

人的一生，都在不间断地经历时过境迁。适时地遗忘一些经历，不但能给自己带来快乐，还能给别人带来幸福。要知道，包袱虽然只属于你自己，但它却会令一船人为之担心不已，这其中包括你的父母、你的朋友……

生活不应该成为包袱，它可能会有压力，但不要让它变得沉重。学会轻装前行是一种智慧，扔掉过去的那些或好或坏，只带一个真切的梦想，一个快乐的理由，一腔不受限的激情，路，会走得更加轻松，你要经历的，只是一场从容。

放下包袱，扔掉心灵的行李，你的状态会永远年轻。同时，告别心灵的抑郁，走出情绪的低谷，你会在不远处遇到幸福。倘若让那些开心的、不开心的，应该的、不应该的，都在心里安营扎寨，包袱一多，心就会变得杂乱无序，人就会变得暮霭沉沉，所以，试着放下包袱，把那些生命并不真王需要的清理掉，这样才能在心里腾出地方，给幸福留出更多更大的空间。

记着的，才是伤痕

人生的成或败、乐或悲，有相当一部分取决于自己的心态。一个人心里想着快乐的事情，他就会变得快乐；心里想着伤心的事情，心情就会变得灰暗。那么，为何不放下烦恼，让自己活得更加快乐呢？

著名哲学家周国平写过一则寓言：

有一位少妇忍受不住人生苦难，遂选择投河自尽。恰恰此时，一位老艄公划船经过，二话不说便将她救上了船。

艄公不解地问道："你年纪轻轻，正是人生当年时，又生得花容月貌，为何偏要如此轻贱自己、要寻短见？"

少妇哭诉道："我结婚至今才两年时间，丈夫就有了外遇，并最终遗弃了我。前不久，一直与我相依为命的孩子又身患重病，最终不治而亡。老天待我如此不公，让我失去了一切，你说，现在我活着还有什么意思？"

艄公又问道："那么，两年以前你又是怎么过的？"

少妇回答："那时候自由自在，无忧无虑，根本没有生活的苦恼。"她回忆起两年前的生活，嘴角不禁露出了一抹微笑。

"那时候你有丈夫和孩子吗？"艄公继续问道。

"当然没有。"

"那么，你不过是被命运之船送回了两年前，现在你又自由自在，无忧无虑了。请上岸吧！"

少妇听了艄公的话，心中顿时敞亮了许多，于是告别艄公，回到岸上，看着艄公摇船而去，仿佛做了个梦一般。从此，她再也没有产生过轻生的念头。

无论是快乐抑或是痛苦，过去的终归要过去，强行将自己困在回忆之中，只会让你备感煎熬！无论明天会怎样，未来终会到来，若想明天活得更好，就必须以积极的心态去迎接它。即便曾经一败涂地，也不过是被生活送回到了原点而已。

其实，每个人的一生都是在不断地得失中度过的，所有不如意和不顺心，其实都与在得失之间的心理调适做得不够有关系。人生如白驹过隙，如果我们在伤痕里执迷不悟，是否太亏欠这似水年华呢？学会淡忘，学会洒脱，人生才会有属于自己的精彩。

纵使相逢，应不识

起落人生，有凄美瞬间，也有执手相看泪眼。时光流转，如梦如幻，似乎冥冥之中自有天意。于是总是在得与失之间徘徊，失望之情不能平复，因而备感忧伤。

很多时候，生活的确是很无奈，甚至会让人觉得是一种折磨、一种煎熬。然而，它又不可避免。或许，你有一二知己，却远隔他乡；或许你有知心爱人，却天涯相望；或许你才华横溢，却命比纸薄；或许你义胆侠肝，却屡逢宵小……总之，人生不会圆满，人人都要尝尽人生之无奈，生活之坎坷。这个时候，拿掉自己脖子上的项圈，就是等于给自己恢复了自由身，尤其是在爱情的“事故”里。

一位美国朋友带着即将读大学的孩子去欧洲旅行，因为那里留有他青春的痕迹，旧地重游，很是亲切，还有一缕说不出的伤感，因为曾失却的爱，就在这里。

和儿子进入大学城内的餐厅用餐，才刚坐下，父亲即面露惊讶神色。

原来，这家餐厅的老板娘，竟是当年他在此求学时追求的对象。

二十多的年岁月变更，当年的粉面桃花早已不再。父亲告诉儿子说，她是一家酒吧主人的千金，她的笑容与气质深深地吸引着他。虽然女孩父亲反对他们往来，但两颗热恋的心早已融化所有的障碍，他们决定私奔。

这位美国朋友托友人转交一封信给女孩，约定私奔的日期和去向。很遗憾，他等了一天，却没看到女孩出现，只看见满天嘲弄的星辰，怀抱琴弦，却弹奏失望。他只好带着一张毕业证书回到美国。

儿子听得如痴如醉。突然，他问父亲，当年他在信上如何注明日期。因为美国表示日期的方式是先写月份，后写日期；而欧洲是先写日期，再写月份。

父亲恍然大悟，原来自己约定的日期10月11日，女孩却是欧洲的读法，判断为11月10日。一个月的时序误会，因而错失一段美好的姻缘。

二十多年来，他一直想用恨来冲淡想念；二十多年来，那女孩呢？她一定也在恨那个“薄情郎”。这位年近50岁的美国朋友，很想走过去，告诉老板娘：我们都错了，只为一个日期的误读，不为爱情。

两个对的人，却在错的时候，爱上一回。

最终，这位父亲没有站出来揭开谜底，只是默默地买单，然后轻松地回家。因为他在心中彻底地为一个爱情中的无辜女主角昭雪。

把相恋时的狂喜化成披着丧衣的白蝴蝶，让它在记忆里翩飞远去，永不复返，净化心湖。与绝情无关——唯有淡忘，才能在大悲大喜之后炼成牵动人心的平和；唯有遗忘，才能在绚烂已极之后炼出处变不惊的恬然。

真心改过，便无罪过

终日想着那些不幸的经历和已经犯下错误，只会加剧自身的伤痛，只会让人对未来的看法越来越悲观，心也越来越焦虑。

如果想要自己的心欢喜一些，就设法忘记那些因一时过错而带来的不幸和伤害。过去的成功也好，失败也罢，都不能代表现在和未来。可以说人的一生由无数的片段组成，而这些片断可以是连续的，也可以是风马牛毫无关联。说人生是连续的片断，无非是人的一生平平淡淡、无波无澜，周而复始地过着循环往复的日子；说人生是不相干的片断，因为人生的每一次经历都属于过去，在下一秒我们可以重新开始，可以忘掉过去的不幸、忘掉过去不如意的自己。

在南美洲，有两个人因为偷羊而被官府抓获，官府要将他们刺字、发配。家人不想就此见不到自己的亲人，于是筹了钱款来赎他们，结果这两个人都被赎了回来，可是烙在前额的两个英文字母“ST”却再也不能去掉。“ST”是“偷羊贼”的缩写，这种刑罚在现在的人们看来有些不人道，但在当时却被认为是惩罚犯罪的最佳手段，因为烙在前额上的字母永远都去不掉，所以人们要想不遭受这种羞辱，不到万不得已就不会以身试法。

可是这两个偷羊人却因为一时贪心，犯下了偷盗之罪，所以就不得不带着那两个代表着耻辱标记的字母，继续在人们面前生活和工作。这对于任何一个有羞耻之心的人来说，都是一种难堪，也是一种考验。

当时，在这两个偷羊人之中的一位，每天从镜子中看到自己前额上的烙印，都觉得这实在是一种奇耻大辱。他简直不能想象自己无时无刻都要带着这种耻辱去面对异样的目光。他整天都不敢出门，最后终于连家里人看自己的眼神也忍受不了，于是他移居到了另一个国家，希望到一个从来没有人认识自己的地方去开始新的生活。

可是，当他来到了这个陌生的国家后，每逢碰到不认识的人时，对方仍旧会奇怪地问他这两个字母究竟是什么意思，他的心情始终不能平静，每天都痛苦不堪，终于抑郁而终。死后，有好心人按照他的遗愿将他埋在了一处荒山野岭之中。那个地方只有他的一座孤坟，也许从此以后他才算免去了心头的羞辱，因为那个地方几乎没有人去。

与前面那个偷羊人不一样的是，他的那个伙伴虽然也深知自己以后的处境，而且他同样对自己过去犯下的罪行感到羞愧。可是他并没有像前面的那位一样远走他乡，而是在人们异样的目光下和一些人明里暗里的嘲讽中留了下来。他心想：虽然我无法逃避偷过羊的事实，但我仍旧要留在这里，赢回我曾经亲手葬送的声誉，赢回众人对我的尊敬。

从此以后，他靠自己的双手辛勤地劳动，用自己的劳动果实来孝顺父母、养育家人，而且每当邻居有困难的时候，他都会义不容辞地主动帮助。一年一年过去，他又重新建立起正直的名誉。邻居们每逢有困难时，首先想到的就是他这个大好人，在邻居的介绍下他还娶了一位温柔美丽的妻子，并且生下了一个聪明可爱的孩子。

时间一晃而过，他的孩子也已经长大成人，而他则成了一位白发苍苍的老人。有一天，有个陌生人看到这位老年人头上有两个字母，就问当地人，这究竟是什么意思。那个当地人说：“他的额上有两个字母，已经是多年以前的事了，我也忘了这件事的细节，不过我想那两个字母是‘圣徒’(Saint) 的缩写吧。”

第一个偷羊人之所以一辈子闷闷不乐，最后郁郁而终，是因为他心里放不下对自己的抱怨，所以面对自己已经犯下的错误，选择了逃避。而第二个偷羊人能够放下抱怨，理智地面对曾经犯下的错，并努力改正，这是一种明智的选择，因为逃避不能改变任何事情，而只会使自己的心灵受到更大的伤害。

可见，不抱怨自己，也是我们需要学习的一课。没有人是圣人，所以，没有人能够一辈子不犯错误，犯了错误不可怕，可怕的是不改正，同时还抱怨自己。因此，宽容别人的同时，也要学会宽容自己，不要一味地抱怨自己，这样，忧愁就会离你越来越远，而快乐则会离你越来越近。记住：一念放下，万般自在！

放下内疚，还能补救

没有一个人是没有过失的，只要有了过失之后勇于去改正，前途依然阳光，但若徒有感伤而不从事切实的补救工作，则是最要不得的！

偏偏，很多人容易被负疚感左右。当然，其来源也各有不同。但最早真正可以让你感到愧疚的人，一定是你很爱的人。比如，你的父母、孩子、亲人、配偶和挚友。因此，愧疚最早与爱有关，这是一个人产生愧疚的早期根源。

愧疚的人总是习惯为痛苦“买单”。一旦生活中发生了不愉快的事情，他们的第一反应就是反省自己，有了“愧疚”的痛苦感受，他们往往很难做出客观判断，因而相对的反应也往往是不客观的、盲目的。

赫莉的母亲很早便守了寡，她勤奋工作，以便让赫莉能穿上好衣服，在城里较好的地区住上令人满意的公寓，能参加夏令营，上名牌私立大学。她为女儿“牺牲”了一切。当赫莉大学毕业后，找到了一个报酬较高的工作。她打算独自搬到一个小型公寓去，公寓离母亲的住处不远，但人们纷纷劝她不要搬，因为母亲为她做出过那么大的牺牲，现在她撇下母亲不管是不对的。赫莉认为他们说得对，便同意与母亲住在一起。

后来她喜欢上了一个青年男子，但她的母亲不赞成她与他交朋友，她和母亲大吵一番后离家出走了，几天后听人们说母亲因她的离家而终日哭泣，强有力的内疚感再一次作用于赫莉。她向母亲让步了。几年后，赫莉完全处于她母亲的控制之下。到最终，她又因负疚感造成的压抑毁了自己，并因生活中的每一个失败而责怪自己和自己的母亲。

极端愧疚的人，实际上是生活在别人阴影中的人，不能够真切地感受自我，久而久之甚至会导致心理疾病的产生，乃至觉得自己不配活在这个世界上。

相比之下，哈蒙的情况就要好很多。

哈蒙是一位商人，长年在外经营生意，少有闲时。当有时间与全家人共度周末时，他非常高兴。

他年迈的双亲住的地方，离他的家只有一个小时的路程。哈蒙也非常清楚自己的父母是多么希望见到他和他的家人。但是他总是寻找借口尽可能不到父母那里去，最后几乎发展到与父母断绝往来的地步。

不久，他的父亲死了，哈蒙好几个月都陷于内疚之中，回想起父亲曾为自己做过的许多事情。他埋怨自己在父亲有生之年未能尽孝。在悲痛平定下来后，哈蒙意识到，再大的内疚也无法使父亲死而复生。认识到自己的过错之后，他改变了以往的做法，常常带着全家人去看望母亲，并同母亲保持经常性的电话联系。

其实内疚也可以说是人之常情，或许每个人都曾内疚过，我们的生活那么复杂，我们在经历学业、事业以及家庭琐事时，难免会做错事，那么就一定要内疚下去吗？千万不要这样，这是很可怕的事情，它会让你的生活失去绚丽的颜色。退一步说，即便深陷这后悔的自责之中，又有什么用？我们是不是该为自己的过错做点什么，如果你能尽力补救，相信你的心就会好过一些。

从另一方面说，内疚或许不完全是坏事，因为它确实可以让人变得更加成熟，也可以让人在今后的日子中减少痛苦并更有能力去摆脱痛苦。但怕的是，因为内疚而“走火入魔”，乃至痛恨自己、厌恶自己，直至厌恶了这个世界。其实，这更是一种不负责，是对自己、对亲友，乃至对曾被你伤害过之人的不负责。因为你这种状态，如何去救赎自己的错误，而倘若你不能自我救赎，那无疑就是错上加错。所以说，人应该学会释放，不要深陷后悔的自责当中，应该振奋精神，投身到对错误的补救当中，这才是当下最该做的事情。

记着好的，忘掉坏的

在你完全放下嗔恨的一刹那，你眼中的世界就变得平和了；当每一个人都放下嗔恨的时候，整个世界就变得平和了。智者的聪明之处在于，他们绝不会将仇恨深刻于心，让它无时无刻地折磨自己。他们知道，唯有“相逢一笑泯恩仇”的豁达与宽容，才是自己拓宽人脉的法宝。

著名作家阿里有一次和吉伯、马沙两位朋友一起旅行。

三人行经一处山谷时，马沙失足滑落，幸而吉伯拼命拉他，才将他救起。马沙于是在附近的大石头上刻下了：“某年某月某日，吉伯救了马沙一命。”

三人继续走了几天，来到一处河边，吉伯跟马沙为了一件小事吵起来，吉伯一气之下打了马沙一耳光。马沙跑到沙滩上写下：“某年某月某日，吉伯打了马沙一耳光。”

当他们旅游回来之后，阿里好奇地问马沙为什么要把吉伯救他的事刻在石上，将吉伯打他的事写在沙上？

马沙回答：“我永远都感激吉伯救我，至于他打我的事，我会随着沙滩上字迹的消失，而忘得一干二净。”

所谓“我弃功于人不可念，而过则不可不念；人有恩于我不可忘，而怨则不可不忘”。感恩是中华民族传承了几千年的传统美德，从“滴水之恩，涌泉相报”到“衔环结草，以谢恩泽”，以及我们常言的“乌鸦反哺，羔羊跪乳”，“感恩”在国人心中有着深厚的文化底蕴，滋养了一代又一代人。

感恩不是单纯的知恩图报，而是要求我们摒弃狭隘，追求健全的人格。做人，应常怀感恩之心，记住别人对我们的恩惠，洗去我们对别人的怨恨，唯有如此，才能在人生的旅程中自由翱翔。对人对事，我们若能将恩惠刻在石头上，将仇恨写在沙滩上，那么，我们的人生将会异常富足、异常饱满。

在这方面，唐太宗李世民堪称典范。

李世民临终前，预感自己时日无多，于是作了《帝范》十二篇赐给太子。他说：“修身立德，治理国家的事情，已经全在里面了。我有何不测，这就是我的遗言。除此以外，就没有什么可说的了。”太子接到《帝范》，非常伤心，泪如雨下。李世民说：“你更应当把古代的圣人们当作自己的老师，你若只学我，恐怕连我也赶不上了！”太子说道：“陛下曾叫臣到各地视察，了解民间疾苦。臣所到的地方，百姓都在歌颂陛下的宽仁爱民。”李世民说道：“我没有过度使用民力，百姓受益很多，因为给百姓的好处多、损害少，所以百姓还不抱怨；但比起尽善尽美来，还差得远呢！”他又告诫太子说：“你没有我的功劳而要继承我的富贵，只有好好干，才能保住国家平安，若骄奢淫逸，恐怕连你自己都保不住。一个政权建立起来很难，而要败亡，那是很快的事；天子的位子，得到它很难而失掉它却很容易。你一定得爱惜，一定得谨慎啊！”

太子李治叩着头说：“陛下的教诲儿臣当铭记在心；决不让陛下失望。”李世民说：“你能这样想。我也就没有什么不放心的了。”唐太宗教育太子，要求宽仁待人，报民众拥戴之恩，同时要念自己的过错，并不断地调适自己，端正行为。这种博大的心胸，严于律己、宽以待人的精神，直到现在，不管是当政还是为学，都应当把它奉为楷模。

一个有修养的人不同于常人之处，首先在于他的恩怨观是以恕人克己为前提的。一般人总是容易记仇而不善于怀恩，因此有“忘恩负义”“恩将仇报”“过河拆桥”等说法，古之君子却有“以德报怨”“涌泉相报”“一饭之恩终身不忘”的传统。为人不可斤斤计较，少想别人的不足、别人待我的不是；别人于我有恩应时刻记取于心。人人都这样想，人际关系就和谐了，世界就太平了。用现在的话讲，多看别人的长处，多记别人的好处，矛盾就化解了。

现在，他是谁的？

有的人对爱人以前的爱情经历耿耿于怀，他们总喜欢对对方过去的爱情经历刨根问底，在想象中塑造着对方往日恋人的形象，然后拿来和自己反复做着比较，在这种比较中，常常会产生嫉妒、愤怒、自卑等消极情绪，从而构成对自己目前恋情的致命威胁。

姚宁在大学时代就和同班同学云纭谈起了恋爱，两个人的感情一直都很稳定，可是大学毕业后，云纭去了美国留学，姚宁考虑到自己的事业在国内更有前途，所以根本就没有去国外的打算，而云纭又不想很快回国，所以两个人经过协商，友好地分手了。

一次偶然的机会，一名叫吴晓的女护士闯进了姚宁的视线，经过长时间的观察，姚宁发现吴晓虽然只是中专毕业，但是人长得很漂亮，而且为人热情、大方、善良而又有耐心，他觉得这种女孩非常适合做自己的妻子，因为自己是个事业狂，如果能够娶到吴晓这样的女孩做妻子，她一定会是个贤内助，肯定能成为自己发展事业的好帮手，于是在他的狂热追求下，吴晓终于成了他的恋人。

为了避免不必要的麻烦，姚宁从未对吴晓说起自己过去和云纭的那段恋情。而姚宁和吴晓的感情也越来越热烈，甚至到了谈婚论嫁的地步。也正如姚宁所料，吴晓果然对他的事业帮助很大，休息日的时候，吴晓总是到姚宁的住处帮助他打扫房间、洗衣、做饭，有时还帮助他查阅、打印资料，两个人都充分享受着爱情的甜蜜和美满。

可是，有一天，姚宁的一位大学同学从外地来这里出差，晚上在饭店为老同学接风的时候，姚宁带吴晓一起去了。由于久别重逢，姚宁和那位老同学都感到很兴奋，于是两个人都喝得有点过了，那个老同学忽略了吴晓的感受，对姚宁说，他们这些老同学都对姚宁和云纭的分手感到十分遗憾，因为云纭是那样才华横溢，将来肯定能在事业上大有作为，老同学原本都以为他们俩是天造地设的一对，在事业上一定会是比翼双飞。

虽然那位老同学也说，今天见了吴晓后，也就不会再遗憾了，因为吴晓的漂亮和善解人意都是云纭所无法比拟的。但是这丝毫没有减轻吴挠心中的痛苦，她第一次知道在自己之前，姚宁还有过一个聪明而有才华的女朋友，尤其是那个女朋友比自己优秀很多：她比自己学历高，而且还去了美国留学，在吴晓看来，姚宁之所以要对自己隐瞒这段感情，一是因为云纭因为出国而抛弃了他，他出于一个男人的自尊而不愿意对自己提起；二是因为他至今都忘不了云纭，而自己则完全是姚宁用来掩饰心灵创伤的一贴创可贴罢了，她为自己成了云纭在姚宁心目中的替代品而感到可悲。

所以那天回来后，吴晓跟姚宁大闹了一场，尽管姚宁百般解释自己是一心一意地爱着她的，至于云纭，那完全属于过去，自己对她真的已经没有爱的感觉了。但是在吴晓的心目中还是从此生生了疙瘩，在以后两个人交往的过程中，吴晓处处自觉或不自觉地拿云纭说事，有时候都让姚宁防不胜防。有时姚宁夸吴晓几句，她就猛不丁地来上一句："你以前是不是也常常这样夸云纭？"如果有时候吴晓什么事情没做好，姚宁向她提意见，她常常反唇相讥："对不起，我就是这种水平，谁叫你放走了才女，而交了我这个低学历、没本事的女朋友呢，后悔了吧！"

一次，姚宁要去美国出差，吴晓一边帮他收拾行李，一边问："就要见到云纭了，心情一定很激动吧？"当时姚宁正急着整理去美国要用的一些资料，就没顾得上搭理吴晓，这让吴晓更加误会了，她又说："好马也吃回头草，如果现在云纭还是一个人的话，你们这次就在美国破镜重圆了吧。"

这时，姚宁不耐烦地说了一句："你怎么又拿云纭说事，烦不烦啊！"不料，吴晓脸色大变："我学历低，能力差，不能和你比翼齐飞，你当然烦我了，要烦了就明说，别遮着捂着，搞那一套此地无银的伎俩，我不是那种没有自尊、非要赖上一个男人不可的人。"说着她转身离去了。

由于第二天就要启程去美国，所以姚宁就想等回国后再去找她解释，可是令他没有想到的是，等他回国后，她已经火速地经别人介绍认识了一个男朋友，她对他说："我现在的男朋友各方面都不如你，我这么急着另找一个人，也是为了逼自己坚决离开你，我必须自己断了自己的回头之路。”

拥有美好的事物时，我们虽说应该居安思危，但亦不可思危过度，每日纠结于那些已经成为过去的故事，那个原本已经成为过去的、跟现在毫不相干的人，便长期纠缠在两个人的爱情生活中，最终导致爱情危机。其实，我们所能掌握的只有现在，那么我们就只能尽力过好眼前的生活，过去的事情是我们无法改变的，那就只能让它过去，不要让它影响现在的生活。

7 岁的孩子与妈妈玩耍。

小男孩翻着爸爸的相册，赫然一个面容姣好、身材漂亮、充满青春活力的妙龄少女，使人眼前一亮。

“妈妈，这个大姑娘是爸爸以前的女朋友。”孩子歪着头逗妈妈，“这是爸爸说的。妈妈，你气不气？”

“有什么气的？都是过去的事了，只要你爸现在是我的。小孩子别瞎说。”已经发福的妈妈脸上洋溢着幸福的笑，老公确实对她很不错，人有本事，又老实，在单位人缘、名声极佳，她真够幸福的！

“只要现在是我的！”她能够真诚地原谅和理解丈夫的过去，并在现实中奉献全部的爱心来关心和照顾丈夫。她从不对丈夫斤斤计较、耿耿于怀，如此豁达的心胸怎能不令全家相处安然，甜蜜幸福呢？

“只要现在是我的”，是一种对世事的豁然与达观，是一种对待自身处境的知足和满意，也是一种发展的沉着与务实。

能够满足于“只要现在是我的”，才能珍惜你所梦寐以求的东西，才会呵护、努力保持并使这一美梦持续和升华。

过去的人，过去吧

缘聚缘散总无强求之理。世间人，分分合合，合合分分谁能预料？该走的还是会走，该留的还是会留。一切随缘吧！

爱情全仗缘分，缘来缘去，不一定需要追究谁对谁错。爱与不爱又有谁可以说得清？当爱着的时候只管尽情地去爱，当爱失去的时候，就潇洒地挥一挥手吧，人生短短几十年而已，自己的命运把握在自己手中，没必要在乎得与失，拥有与放弃，热恋与分离。

失恋之后，如果能把诅咒与怨恨都放下，就会懂得真正的爱。虽然在偶尔的情景下依然不免酸楚、心痛。

卢梭11岁时，在舅父家遇到了刚好大他11岁的德·菲尔松小姐，她虽然不很漂亮，但她身上特有的那种成熟女孩的清纯和靓丽还是将卢梭深深地吸引住了。她似乎对卢梭也很感兴趣。很快，两人便轰轰烈烈地像大人般恋爱起来。但不久卢梭就发现，她对他的好只不过是为了激起另一个她偷偷爱着的男友的醋意——用卢梭的话说“只不过是为了掩盖一些其他的勾当”时，他年少而又过早成熟的心便充满了一种无法比拟的气愤与怨恨。

他发誓永不再见到这个负心的女子。可是，20年后，已享有极高声誉的卢梭回故里看望父亲，在波光潋滟的湖面上游玩时，他竟不期然地看到了离他们不远的一条船上的菲尔松小姐，她衣着简朴，面容憔悴。卢梭想了想，还是让人悄悄地把船划开了。他写道：“虽然这是一个相当好的复仇机会，但我还是觉得不该和一个 40 多岁的女人算 20 年前的旧账。”

爱过之后才知爱情本无对与错、是与非，快乐与悲伤会携手和你同行，直至你的生命结束！卢梭在遭到自己最爱的人无情愚弄后的悲愤与怨恨可想而知，但是重逢之际，当初那种火山般喷涌的愤怒与报复欲未曾复燃，并选择了悄悄走开，这恰好说明世上千般情，唯有爱最难说得清。

如果把人生比作一棵枝繁叶茂的大树，那么爱情仅仅是树上的一颗果子，爱情受到了挫折、遭受到了一次失败，并不等于人生奋斗全部失败。世界上有很多在爱情生活方面不幸的人，却成了千古不朽的伟人。因此，对失恋者来说，对待爱情要学会放弃，毕竟一段过去不能代表永远，一次爱情不能代表永生。

聚散随缘，去除执着心，一切恩怨都将在随水的流逝中淡去。那些深刻的记忆也终会被时间的脚步踏平，过去的就让它过去好了，未来的才是我们应该企盼的。

放不下吗？是你不想放

最美的风景不在眼里，而在心里；最好的情怀不在眼下，而是心上。世间的事，争不完，不如放一放；人间的利，占不尽，不如顺其自然。

心灵的内存有限，只好放下过去。释放新的空间，才能装下更多新的美好的东西。放下时的割舍是疼痛的，疼痛的过后却是轻松。

某人情感受挫，遭遇朋友的背叛，事业上又遭遇桎梏，他为此忧伤满腹，惶惶不可终日，常借酒精来麻醉自己。

家族中一长者闻之，主动前来劝慰，但奈何说尽良言，此人始终不为所动，依旧满脸哀愁。最后此人说道：

“您不用再说了，我都明白，但我就是放不下一些人和事。”

长者道：“其实，只要你肯，这世间的一切都是可以放下的。”

“有些人和事我就是放不下！”此人似乎有点不耐烦。

长者取来一只茶杯，并递到此人手中，然后向杯内缓缓注入热水。水慢慢升高，最后沿着杯口外溢出来。

该人持杯的手马上被热水烫到，他毫不迟疑地松开了手，杯子应声落地。

长者似在自语：“这世间本没有什么放不下的，真的痛了，你自然就会放下。”

该人闻言，似有所悟……

是的，这世间本没有什么是放不下的，真的痛了，你自然就会放下！

在一些人看来，有些事似乎是永远放不下的，但事实上，没有人是不可替代的，没有任何事物是必须紧握不放的，其实我们所需要的仅仅是时间而已。或许有人要问——有没有一种方法，能让人在放下时不会感到疼痛？答案是否定的，因为只有在真正感到痛时，你才会下决心放下。

不要刻意去遗忘，更不要长期沉浸于痛苦之中。

人生短暂，根本不够我们去挥霍，在人生的旅程中，每一段消逝的感情，每一份痛苦的经历，都不过是过客而已，都应该坦然以对。我们所要做的就是珍惜现在，做自己喜欢做、自己该做的事情，过好人生中的每一天。

对生活，学会温柔以对

一般人往往很容易遗忘欢乐的时光，对于不快的经历却常常铭记，这是对遗忘的一种抗拒。换言之，人们习惯于淡忘生命中美好的一切；但对于痛苦的记忆，却总是铭记在心。就如你吃过了糖会很快忘记甜，吃过了黄连却口有余苦。

很多人无论是待人或处世，很少检讨自己的缺点，总是记得对方的不是以及自己的欲求。其实到头来，还是很少如愿——因为，每个人的心态都是彼此相克。

反之，如果这个社会中的每个人，都能够试图将对方的不是以及自己的欲求尽量遗忘，多多检讨自己并改善自己，那么，彼此之间将会产生良性的互补作用。

有这样一个故事：有一次，一位女士给了一个朋友三条缎带，希望他也能送给别人。这位朋友自己留下了一条，送给他不苟言笑、事事挑剔的上司两条，因为他觉得由于上司的严厉使他多学到许多东西，同时他还希望他的上司能拿出一条送给另外一个影响他生命的人。

他的上司非常惊讶，因为所有的员工一向对他敬而远之。他知道自己的人缘很差，没想到还有人会感念他严苛的态度，把它当作是正面的影响而向他致谢，这使他的心顿时柔软起来。

这个上司一个下午都若有所思地坐在办公室里，而后他提早下班回家，把那条缎带给了他正值青春期的儿子。他们父子关系一向不好，平时他忙着公务，不太顾家，对儿子也只有责备，很少赞赏。那天他怀着一颗歉疚的心，把缎带给了儿子，同时为自己一向的态度道歉，他告诉儿子，其实他的存在带给他这个父亲无限的喜悦与骄傲，尽管他从未称赞他，也少有时间与他相处，但是他是十分爱他的，也以他为荣。

当他说完了这些话，儿子竟然号啕大哭。他对父亲说，他以为他父亲一点也不在乎他，他觉得自己的人生一点价值都没有，他不喜欢自己，恨自己不能讨父亲的欢心，正准备以自杀来结束痛苦的一生，没想到他父亲的一番言语，打开了他的心结，也救了他一条性命。这位父亲吓得出了一身冷汗，自己差点失去了独生的儿子而不自知。从此这位上司改变了自己的态度，调整了生活的重心，也重建了亲子关系，加强了儿子对自己的信心。就这样，整个家庭因为一条小小的缎带而彻底改观。

送人以缎带，证明你已遗忘了相处中所受的那些委屈和责难，忆起别人给你的快乐和益处。而受你缎带者却更能被你感动，看到你的心灵之美，爱你、助你。学会遗忘，拾起那根缎带送给让你受伤的那个人，他将回报你一片灿烂的阳光。

辑二　自喜

爱自己，一切都是自由的

当我们真正开始爱自己，我们不再牺牲自己，不再活在别人的世界里，只做有趣和快乐的事情，做自己喜欢、让自己欢喜的事情，用我们的方式、我们的节奏，我们会认识到，所有的痛苦和折磨，都只是提醒我们：不要违背自己的本心。

你没理由不喜欢自己

不喜欢自己的人，总有一箩筐的理由：我太矮、我有青春痘、我不擅长交际、我的学问不高、我家境清寒、我的父母不体面……

而喜欢自己的人，却不一定说得出多么冠冕堂皇的理由。他们喜欢自己，并不盲目，他们不相信自己是十全十美，反而清楚地认识到自己和其他人一样，具有很多缺点。只不过，他们愿意接受自己的一切，一切的优点和缺点，不企图掩饰，不刻意改变；当然，更不会痴妄地羡慕他人。

喜欢自己，是快乐的起点。

人，天生不平等，有美丑胖瘦、高矮贫富，但是也有公平的一面，所有的好条件与所有的坏条件，都不会同时集中在一个人的身上。仔细思索，美丽的人或许太懒惰，以致一事无成；而能干的人可能过于操劳，损害了身体；富有的人纵情声色，未必能保有美满的家庭；有学问的人自律严谨，说不定也会失去发财的机会。这样想来，人人都有所得，却也不自觉地失去了什么。

只有喜欢自己的人才知道，快乐的秘密不在于获得更多，而在于珍惜既有。能深刻检点自己所拥有的幸福，就会明白，其实人人都会蒙受恩宠，享有莫大的福气。

没有人能确切明白自己是不是真的受人欢迎，可是每一个人都可以扪心自问：我是不是喜欢自己？

心理学家凯特发现，要让他人喜欢真正的你，就应该先培养喜欢自己的特质。或许你会感到十分惊讶，因为一般人认为可以吸引人的美貌、魅力、人际关系等，并不是你需要具备的特质。

这个世界上有很多人生来既不美丽，又不富有，可是却能受到朋友们的喜爱，最重要的道理是：他们真心喜欢自己。

假如你能接纳心理学家凯特的建议，或许你也能很容易地成为一个喜爱自己的人。

喜欢自己，其实很简单。你无需换上漂亮的衣服，变出一副讨人喜欢的面孔，说些迎合他人的言语，只要你静下心来，学着看重他人，看重自己，培养成熟独立的个性，你就向“喜欢自己”这个目标迈进了一大步。

现在，你应该问问自己：谁是这个世界上最重要的人呢？

正确的答案应该是：你自己。

你在忙着想赢得整个世界的肯定之前，别忘记先讨好最重要的一个人——学会喜欢自己，接纳你自己。

你这款，风景独好

生命的精彩需要别人的赞许，但精彩的生命不是仅仅为了刻意让别人欣赏——别忘了，欣赏自己生命的还有我们自己。

别人怎么看你，其实不是很重要，因为很多时候，你无需看别人的脸色生活，否则你只会给自己徒增压力。

最重要的是你怎样看待自己。如果能够欣赏自己，你就可以将自己描绘成一幅画。你可以让画面上长出绿草红花，你可以叫流水涓涓，你可以让山林幽幽，你可以让阳光温柔地照亮这片天堂。一个能在自己的精神世界中自由行走的人，无论她自身的条件如何，快乐与自信始终是她行走在滚滚红尘中的形象。

那天风和日丽，天气异常好，一个黑人小女孩坐在公园的长椅上看着鸟戏蝶追，白云悠荡，她很羡慕那些能够自由来去的东西，因为，她的腿和别人有些不一样，她来到这里，需要妈妈的帮助。

一对玩累了的白人母女也来到这里，那个漂亮的小姑娘和她年纪相仿。她忍不住向她看去，然后极不礼貌地大声问妈妈："妈妈，她的腿怎么这样？"妈妈瞪了女儿一眼，小声说："把你的嘴闭上，你这样做很不礼貌，你在伤害那个女孩的自尊心。"

那位妈妈的声音虽然压得很低，但女孩还是听见了。她没有任何不自在，而是用那个年纪不该有的成熟笑着说："不要紧的。"然后又指了指自己的腿说，"我妈妈说，每个人都是被上帝咬过一口的苹果，都有缺陷。有的人缺陷比较大，是因为上帝特别喜爱他的芬芳。所以我与众不同，妈妈说我更应该快乐，而不要在乎别人的目光。"

这个黑人女孩叫鲁道夫，出生在美国一个普通黑人家庭，出生时只有2千克重，而后又得了肺炎、猩红热和小儿麻痹症，几乎夭折。因为家庭贫穷无法及时医治，从那时起，她的双腿肌肉逐渐萎缩。到4岁时，左腿已经完全不能动弹。这极大地伤害了年幼的鲁道夫，而妈妈则告诉她，她是上帝特别喜欢的那只苹果。

鲁道夫6岁生日那天，她穿上特制的鞋子，独自下床。谁知脚刚一着地，就支撑不住了。然而，她并没有灰心，她咬紧牙，扶着椅子，将全部力气集中到双腿上……身子慢慢直了起来。接着，在家人的鼓励声中，她迈出了有生以来的第一步。

11岁那年，鲁道夫依旧不能正常走路。后来妈妈出了个主意，让她尝试打篮球，以加强腿部肌肉的力量。鲁道夫就这样趔趔趄趄地打起了篮球，她忍受着别人的嘲笑，克服着行动上的困难，咬着牙坚持锻炼着。奇迹出现了——经过一个阶段的锻炼，她不但身体变得强壮起来，而且能够正常走路了，甚至还能够参加正常的篮球比赛。

一次，鲁道夫正在街头打篮球，恰巧被一个叫E·斯普勒的田径教练发现，他觉得她有着超人的弹跳和速度，就建议她改练短跑，并热情地鼓励她说："你是一只小羚羊，将来一定会成为世界短跑纪录的创造者和奥运冠军。"

果然，在斯普勒的悉心教导下，鲁道夫迅速成长起来。在田纳西州，她成了全州女子短跑明星，开始在美国田坛崭露头角。1995年，在芝加哥举行的第三届泛美运动会上，鲁道夫与队友一同为美国队摘得了4×100米接力的金牌。

罗马奥运会上，鲁道夫代表美国队出赛，她先平世界纪录，再破世界纪录，一人独得3枚金灿灿的金牌，缔造了美国田径史上的一段传奇。

学会欣赏自己，才能让自己的生命变得高贵。不管现在的你如何渺小，你依然有机会在生活中谱写童话，创造这大千世界的奇迹。

平时多欣赏一下自己，你就会发现，自己也是“风景这边独好”。

任何爱里都不能迷失自己

人活着，会有许多羁绊和许多欲望，要是拿掉了这些东西，人就会变得很轻松，如果总是背着，最终有可能累死在路上。生活原本是非常纯朴、简单的，学会舍弃自己不特别需要、对人生益处不大的东西，学会放手，保持一颗简单和明朗的心，你会觉得其实生活真的很美好。

人，正因为不懂得舍弃才会有许多痛苦。当自己有了舍弃和清理自己的智慧时，就会豁然开朗，生命会马上向你展现出另外一个截然不同的景致。

雪儿因为她爱的人娶了别人而一病不起，家人用尽各种办法都无济于事，眼看她一天天地消瘦下去，家人、朋友真是看在眼里，急在心里。

后来，她的妈妈便带她去看了心理医生。心理医生很快便找到了病情的症结，于是耐心开导她说："其实喜欢一个人，并不一定要和他在一起，虽然有人常说'不在乎天长地久，只在乎曾经拥有'，但是并不是所有拥有的人都感觉到快乐。喜欢一个人，最重要的是让他快乐，如果你和他在一起时他不快乐，那么就勇敢地放手吧！"

的确如此，喜欢一个人，就要让他快乐、让他幸福，使那份感情更诚挚。在心理医生的耐心开导下，雪儿变得开朗了，也不再郁郁寡欢，而她的病也一下子好了。

有些女孩常如此抱怨："我很爱我的男朋友，为了他我愿意放弃任何东西，他喜欢的我都会去做，他不喜欢的我就不去做。我对他简直是好得不能再好，可他仍不是很爱我。我也觉得这样做太没自我了，可是我真的无法想象我离开他的日子，我觉得我会死的，我总想有一天他也会很爱我的。"

当一个人因爱情迷失自我时，就放弃了得到认可和尊重的权利。经营婚姻和爱情，就像手中抓住的沙子，握得越紧，越容易流失。很多人为了经营爱情，放弃了很多，甚至放弃了事业，竭尽全力想抓牢这份爱，但终究失败了。一个人如果把自己的感情全部寄托在别人身上，舍弃了自尊、自我价值，幸福生活就没有保障。

电影《卧虎藏龙》里有一句很经典的话：当你紧握双手，里面什么也没有；当你打开双手，世界就在你手中。紧握双手，肯定是什么也没有；打开双手，至少还有希望。很多时候，我们都应该懂得放弃，放弃才会使自己身心愉快，才会使自己获得快乐！

有的时候路走错了，如果你毫无意识地继续走下去，那么你将会离目标越来越远，这个时候能够停下来就是进步。

你有没有“取悦症”

人的本性趋向于寻求他人的赞美和肯定，尤其对于有威望或有控制力的对象（如父母、老师、上司、名人名流等），他们的赞美肯定更加重要。取悦者会沉迷于取悦行为所换得的肯定，这很好解释，如果某件事让人有了愉悦的体会，那他就可能持续去做这件事，以便继续维持这种美好的感觉。

但，我们得到的感觉其实并不美好。

著名艺人宋丹丹，对于取悦别人与取悦自己有正反两方面的深刻体会。她说：“过去我总是不遗余力地想使自己符合男人的标准，‘我够好吧’成为口头禅，但常常感到被轻视。现在我会说：“这就是我！”却得到前所未有的尊重。自尊，才是最具魅力的品质。”

为了取悦别人而活着，最终必然丧失真正的自我。只有先取悦自己，做最好的自己，然后才能得到他人的喜欢和尊敬。

一位诗人写了不少的诗，也有了一定的名气，可是，他还有相当一部分诗却没有发表出来，也无人欣赏。为此，诗人很是苦恼。

诗人有位禅师朋友。这天，诗人向禅师诉说了自己的苦恼。禅师笑了，指着窗外一株茂盛的植物说：“你看，那是什么花？”诗人看了一眼植物说：“夜来香。”禅师说：“对，这夜来香只在夜晚开放，所以大家才叫它夜来香。那你知道，夜来香为什么不在白天开花，而在夜晚开花呢？”诗人看了看禅师，摇了摇头。

禅师笑着说：“夜晚开花，并无人注意，它开花，只为了取悦自己！”诗人吃了一惊道：“取悦自己？”禅师笑道：“白天开放的花，都是为了引人注目，得到他人的赞赏。而这夜来香，在无人欣赏的情况下，依然开放自己，芳香自己，它只是为了让自己快乐。一个人，难道还不如一种植物吗？”

禅师看了看诗人又说：“许多人，总是把自己快乐的钥匙交给别人，自己所做的一切，都是在做给别人看，让别人来赞赏，仿佛只有这样才能快乐起来。其实，许多时候，我们应该为自己做事。”诗人笑了，他说：“我懂了。一个人，不是活给别人看的，而是为自己而活，要做一个有意义的自己。”

禅师笑着点了点头，又说：“一个人，只有取悦自己，才能不放弃自己；只要取悦了自己，也就提升了自己；只要取悦了自己，才能影响他人。要知道，夜来香夜晚开放，可我们许多人，却都是枕着它的芳香入梦的啊。”

人，如果总是忙着取悦别人，去为别人的期望而生活，就会忽视自己的生活，忽视自己到底喜欢什么、到底想要什么、到底需要什么。最后，甚至忽视了自己的存在。可是，你拥有自己的人生，这是你的权利，你为什么要放弃？你对自我的放弃，能换来的其实只是更多的蔑视和鄙夷。

所以，别老想着取悦别人，你越在乎别人，就越卑微。只有取悦自己，并让别人来取悦你，才会令你更有价值。一辈子不长，记住：对自己好点。

自怜之下就是深渊

事业不顺、婚姻不顺、生活不顺……种种不顺一时间都让你碰上了。这时，如果你一味地顾影自怜会觉得自己是天底下最倒霉的人。于是，从此在别人面前或者内心里，你成了一个自怜并需要别人同情的可怜人，于是你变得真的很可怜，而那个真实的自己就这样被掩盖起来了。

如果你与生俱来的音乐天赋外加你在钢琴上下了10年的苦功，使你成为大众公认的音乐家了，你用你的音乐才能，赚到了进大学的费用；你在大学医科选定了外科的专业，专心研习，同时，你又热心地希望用音乐做你的副业，然而你正在这样热心地期待着将来的事业成功的时候，你不幸地遭遇车祸，你的双手被撞坏，在你的专业与爱好上都无法发挥作用。这时候，你该怎么办呢？

倘若你除音乐的才能之外，还有演说才能，当对外科与音乐都绝望时，你日夜训练，使自己成为一个演说家、教育家。经过几年的训练和研究之后，你居然做到了，并且赚了很多钱，却在这时候，你又得了严重的胃溃疡住进了医院。经过半年多的时间，病虽然好了，但大病初愈还须休养才能恢复。这时候，你又该怎么办呢？

以上的两个问题，都是梅森先生亲身经历的。上天既赋予梅森先生音乐和演说的才能，同时又赋予他不屈不挠的精神，所以他虽身在这两种悲惨的情形之中，却从没有过自暴自弃的念头。虽然他也曾有过失望，这正如一个人倾尽所有投资于一家工厂，等到工厂要开工的时候，正与保险公司洽谈的过程中，忽然半夜被人唤醒，他所有的一切都在半夜的火焰里化为灰烬的情形一样。

但是，自怜是于事无补的，在这个时候，他得到了在小时候曾经发生过的一件事情的帮助。他在幼小的时候，他母亲先患伤寒，继之患肺炎，最后又患脑膜炎。医院和医师的记录可以证明在医药史料之中，他的母亲所经过的昏迷状态算是时间最长久者之一。他希望母亲醒过来，认得他，可母亲一直没有知觉。有一天晚上，父亲先后请来了几位医师，都说母亲的病没有希望了。将近半夜的时候，他们的家庭医师告诉父亲说，母亲的生命维持不到天亮了，让父亲预备后事。他听到这悲惨的消息哭叫一声，跪在父亲的脚边，抱着他的踝骨哭了起来。他的父亲立即抱起他来，要他站着，父亲看见他站也站不住只是哭个不休，于是正色望着他，对他说道："儿啊，这是人类不得不勇敢地站起来去面对的困难事件之一。"

梅森先生在儿童时期，父亲曾有多次对他加以体罚，想给他生活上的教训，但是，在他一生所受到父亲的许多积极的教育之中，无过于在母亲的生命垂危的那夜所得到的。

隔了 13 年，他被汽车撞坏了双手，对于他理想中的前途完全绝望，他的心不知不觉回到了母亲临危的那天夜里，竟忍不住哭了起来。但是他的耳朵里忽然听到父亲的声音："儿啊，这是人类不得不勇敢站起来面对的困难事件之一。"

多少年以来，梅森先生到处演说，到处播音，他曾遇到了很多的男女老少来他这里畅谈他们的不幸和悲伤，其中有许多人说："实在没办法了，我只得准备自杀！”但是，真的没有办法了吗？事实上不过是甘心自弃罢了！

自怜的人其实比比皆是，他们就像祥林嫂一样，逢人便诉说自己的“不幸遭遇”，似乎这个世界上最值得同情的人就是他自己。他们原本希望得到别人的理解和认同，结果却让周围的人越发反感，导致自己的生活圈子越来越狭小、朋友越来越少。

其实，自怜和冷热痛痒一样，也是一种自我察觉，是对现在状态的自我评价，然后会有相应的情绪和行为来进行自我调节。从这个角度上说，自怜虽然是一种消极心理，但适当的自怜也是有益身心的。打个比方来说，知道冷了就添衣显然有助于身体健康，那么“委屈”就像是心理健康的警戒线，督促人们及时心理“排毒”，这显然对身心健康也是有益的。不过，凡事过犹不及，自怜心理一旦过了头，对人对己都是祸害。最终像黛玉一样一腔幽怨化作淋漓鲜血也不无可能。

必须承认，这个世界上人类所无法掌控的事情太多，别人的世界无法掌控，未来无法掌控，甚至有时连自己都无法掌控，失控感是人生中常常需要面对的事情。竭力想要掌控一切，必然会带来压力与焦虑，适度地放松控制，对身心都是一种平衡和助益。允许失控感的出现，接纳生命中出现的那些失控与失序，不要求一切尽在掌控，心就会进入一个更高层次的境界。如果有一天，你掀掉自我怜悯这个假面具，你会发现：还有一个比自己想象中更坚强的自己。

欣赏自己，无需理由

假如有一天，你穿着漂亮的服装走在街上，很多人都在看着你，你心里会怎么想？你会不会有这样的想法：我脸上没有脏东西吧？我是不是有什么问题呢？别人对你的关注，反而让你觉得浑身不自在，好像哪里出了问题似的。

事实上，你用什么样的方式看待自己，就会得到什么样的自我评价。当你认为自己全身上下都有问题时，你的眼里就只会有问题，那么，你将看不到自己的优点。当然，你也不要觉得自己什么都好，假如你总觉得自己比任何人都强，你只会在自己身上找让自己满意的地方，你会看不到自己的缺点，这就进入了另一种极端，这显然也不是什么好事。

美国科研人员进行过一项有趣的心理学实验，名曰“伤痕实验”。

他们向参与其中的志愿者宣称，该实验旨在观察人们对身体有缺陷的陌生人作何反应，尤其是面部有伤痕的人。

每位志愿者都被安排在没有镜子的小房间里，由好莱坞的专业化妆师在其左脸做出一道血肉模糊、触目惊心的伤痕。志愿者被允许用一面小镜子照看看化妆的效果后，镜子就被拿走了。

关键的是最后一步，化妆师表示需要在伤痕表面再涂一层粉末，以防止它被不小心擦掉。实际上，化妆师用纸巾偷偷抹掉了化妆的痕迹。

对此毫不知情的志愿者，被派往各医院的候诊室，他们的任务就是观察人们对其面部伤痕的反应。

规定的时间到了，返回的志愿者竟无一例外地叙述了相同的感受——人们对他们粗鲁无理、不友好，而且总是盯着他们的脸看！

可实际上，他们的脸上与往常并无二致，和以前没有不同；他们之所以得出那样的结论，看来是错误的自我认知影响了他们的判断。

这真是一个发人深省的实验。原来，一个人内心怎样看待自己，在外界就能感受到怎样的目光。同时，这个实验也从一个侧面验证了一句西方格言："别人是以你看待自己的方式看待你。"不是吗？其实很多时候，导致我们人生糟糕的关键，就是我们的自我评价系统出现了问题，因为无法正确看待自己，我们把自己人生的高度设置得越来越低。

尼克松是我们极为熟悉的美国总统，但就是这样一个大人物，却因为一个缺乏自信的错误而毁掉了自己的政治前途。当年，尼克松竞选连任。由于他在第一任期内政绩斐然，所以大多数政治评论家都预测尼克松将以绝对优势获得胜利。然而，尼克松本人却很不自信，他走不出过去几次失败的心理阴影，极度担心再次出现失败。在这种潜意识的驱使下，他鬼使神差地干出了让他后悔终生的蠢事。他指派手下的人潜入竞选对手总部的水门饭店，在对手的办公室里安装了窃听器。事发之后，他又阻止调查，推卸责任，在选举胜利后不久便被迫辞职。本来稳操胜券的尼克松，因缺乏自信而导致惨败。

所以，无论如何别把自己看得太低，或许你才是大众的焦点。你没有必要太在乎别人的看法，因为你永远是你，没有人能够取代。是的，不要把自己看得太低，否则你对不起看好你的父母兄弟。就算你不能改变别人俯视的视线，但你完全可以改变自己的位置，就算不能让他们仰视，但至少可以与他们比肩而立！

真的，不要把自己看得太低，也不能把自己看得太低。你才是生命里的擎天柱，你更要为家人撑起一片天，你要将自己托起，托到一个足够高的位置。我们要学会用欣赏的眼光看自己，如此才能消除自卑，树立自信，才能给命运带来转机，给生命带来机遇和色彩。

千辛万苦，也要对自己好

挫折和不幸，是天才的晋身之阶，信徒的洗礼之水，能人的无价之宝，弱者的无底深渊。如果生活让你背起了沉重的十字架，那是因为上帝知道你能行。

人有幸活在这个世上，就要勇敢地承担生活带来的磨难，也要好好地享受生活赐予的幸福。不要做逃避生活的懦夫。认真地活着，不逃避，是万事的因应之道。如此你才能真正地看出生命的全貌，否则看见的都是沙子，就像鸵鸟永不知道世界的真相！

紫霄未满月就被奶奶抱回家。奶奶含辛茹苦把她养到小学毕业，狠心的父母才从外地返家。父母重男轻女，对女儿非常刻薄。她生病时，父母反而会为难她，母亲说：“我看见你就来气，你给我滚，又有河又有老鼠药又有绳子，有志气你就去死。”说完，还残忍地塞给她一瓶“安定”。13岁的小姑娘没有哭，在她幼小的心灵里，萌生了强烈的愿望——她一定要活下去，并且还要活出个人样来！

被母亲赶出家门，好心的奶奶用两条万字糕和一把眼泪，把她送到一片净土——尼姑庵。紫霄满怀感激地送别奶奶后，心里很不平静，难道我的生命就只能耗在这没有生气的尼姑庵吗？在尼姑庵，法名“静月”的紫霄得了胃病，但她从不叫痛，甚至在她不愿去化缘而被老尼姑惩罚时，她也不闹不哭。但是叛逆的个性正在潜滋暗长。在一个小雨的清晨，她揣上奶奶用鸡蛋换来的干粮和卖棺材得来的路费，踏上了西去的列车。几天后，她到了新疆，见到了久违的表哥和姑妈。在新疆，她重返课堂，度过了幸福的半年时光。在姑妈的建议下，她回安徽老家办理户口迁移手续。回到老家，她发现再也回不了新疆了，父母要她顶替父亲去厂里上班。

她拿起了电焊枪，那年她才15岁。她没有向命运低头，因为她的心中还有梦。紫霄利用业余时间苦读，通过了《写作》、《现代汉语》和《文学概论》自学考试。第二年参加高考，她考取了安徽省中医学院。然而她知道因为家庭的原因无法实现自己的梦想，大学经常成为她梦里的天堂。

几经努力，紫霄的第一篇习作被《巢湖报》采用，她看到了生命中的一线曙光，她要用缪斯的笔来拯救自己。多少个不眠之夜，她用稚拙的笔饱蘸浓情，抒写自己的苦难与不幸，倾诉自己的顽强与奋争。多篇作品飞了出去，耕耘换来了收获，那些心血凝聚的稿件多数被采用，还获了各种奖项。终于，她抱着自己的作品叩开了安徽省作协的大门，成了其中的一员。

文学是神圣的，写作是清贫的。紫霄毅然放弃了从父亲手里接过的“铁饭碗”，开始了艰难的求学生涯。因为她知道，仅凭自己现在的底子，远远不能成功。她到了北京，在鲁迅文学院进修。为生计所迫，生性腼腆的她当起了报童。骄阳似火，地面晒得冒烟，紫霄挥汗如雨，怯生生地叫卖。天有不测风云，在一次过街时，飞驰而过的汽车把她带倒了。看着肿起的像馒头一样大的脚踝，紫霄的第一个反应是这报卖不成了。用几天卖报赚来的微薄的钱补足了欠交的学费，只休息了几天，她又一次开始了半工半读的生活。命运之神垂怜她，让她结识了莫言、肖亦农、刘震云、宏甲等知名作家，有幸亲聆教诲，她感到了莫大的满足。

为了节省开支，紫霄住在某空军招待所的一间堆放杂物的仓库里。晚上大部分时间，这里就成了她的“工作室”，她的灯常常亮到黎明。礼拜天，她包揽了招待所上百床被褥的浆洗工作，胳膊搓肿了，腿站肿了，溅在身上的水冻成了冰碴儿……她全然不顾。有一次她累昏在水池旁，幸遇两位女战士把她背了回去，灌了两碗姜汤，她苏醒过后一会儿，便接着去洗。她的脸上和手上有了和她年龄不相称的粗糙和裂口。

终于苦尽甘来，随文怀沙先生攻读古文、从军、写作、采访、成名，这一切似乎顺理成章，然而这一切又不平凡。她是一个坚强的女子，是一个不向困难俯首称臣的不屈的奇女子。她把困难视作生命的必修课，而她得了满分。

紫霄的成长历程艰辛而又执着，一次次的人生磨难反而让她越走越坚强。

老天始终是公平的，给了你艰辛就会给你幸福，而且，你付出得越多得到的也就越多。所以，请你相信，你身上背着的那个十字架有一天终会用金光笼罩你。

爱上那个不完美的自己

正视缺陷，由此我们也将进入另一片风景胜区。

希尔·西尔弗斯坦在《失去的部件》一书中讲述了这样一个童话故事，一个圆环失去了一部分，于是它旋转着去寻找这个部分。

因缺少这个部分，它只能非常缓慢地滚动，这样它就有机会欣赏沿途的鲜花，并可以与阳光对话，同蝴蝶吟唱，和地上的小虫聊天……这些都是它完整无缺、快速滚动时所无法注意、没能享受到的。

有一天，这个圆环终于找到了丢失的那个部分，它很高兴，又开始滚动起来。可是，因为完整，滚得太快，它失去了所有的朋友，不能从容地赏花，也没有机会聊天，一切都变得稍纵即逝……这个圆环最后在一片草地上丢下了那个刚刚找到的部分，又成为一个有缺陷但快乐的圆。

我们每个人都不是完美无缺的，这是无可置疑的事实。如果我们脑海中完美意识过浓，就应该适当地削减些，放弃些，以平和的心态去看待，将使我们接受这一事实，并且在这一方面有所改观，我们也将在此受益，这是人生的真谛。

美国心理学家纳撒尼雨·布兰登举过一个他亲身经历的例子：许多年前，一位叫洛蕾丝的24岁的年轻妇女无意中读了他的一本书，找他进行心理治疗。洛蕾丝有一副天使般的面孔，可骂起街来却粗俗不堪，她曾吸毒、卖淫。

布兰登说，她做的一切都使我讨厌，可我又喜欢她，不仅因为她的外表相当漂亮，而且因为我确信在堕落的表象下她是个出色的人。起初，我用催眠术使她回忆她在初中是个什么样的女孩子。她当时很聪明，但是不敢表现自己，怕引起同学的嫉妒。她在体育上比男孩都强，招惹来一些人的讽刺挖苦，连哥哥也怨恨她。我让她做真空练习，她哭泣着写了这样一段话：你信任我，你没有把我看成坏人！你使我感到痛苦，也感到了期望！你把我带到了真实的生活，我恨你！

一年半后，洛蕾丝考取洛杉矶大学学习写作，几年后成为一名记者，并结了婚。10年后的一天，我和她在大街上邂逅，我几乎认不出她了：衣着华丽，神态自若，生气勃勃，丝毫不见过去的创伤。寒暄后，她说："你是没有把我当成坏人看待的那个人，你把我看作一个特殊的人，也使我看到了这一点。那时我非常恨你！承认我是谁，我到底是什么人，这是我一生中从未遇到的事。人们常说承认自己的缺点是多么不容易的事，其实承认自己的美德更是难上加难。"

真正做到放弃完美，自我接受并不容易。因为自我肯定这个事实，你就必须真正保持清醒的头脑，勇敢的承认事实。面对完美主义者来说，承认自己的缺陷要比寻常人克服更多的心理障碍，需要更大的勇气来面对。

当你接受了自身不足，这时你才算接受自我，一个人最大的敌人不过自己。如果自己都可以战胜，那还有什么困难不可以克服呢？如此而来，放弃完美，收获更美也就自然是水到渠成的事了。

不爱那么深，只爱到八分

毛毛 18 岁那年高考落榜，便在家乡开了一家鲜花店。家乡的经济水平并不是很高，花店的生意也不是很好，但维持她的生活仍是绰绰有余，而且她深深地爱上了这份美丽的事业，日子过得很快乐。

然而她谈了一个男友以后，一切就都变了。他的男友是一个玩具厂的老板，手中已有几十万元资产，他们相爱一年多时间，男友始终对她很不错，她深深地爱上了她的男朋友。

后来，她们结婚了，婚后的她什么都听从丈夫的。为了能照顾好丈夫和家庭，她卖掉了花店做起了全职太太，每天为他洗衣做饭，对丈夫唯命是从。她以为这样做丈夫就会对她好一辈子，然而，结婚不到两年的她，还是无奈地离婚了。离婚是她丈夫提出来的，原因是她太没有自我了。

这是一个可悲的故事，它在告诉我们：爱一个人要把握分寸，别爱那么多，八分就足够了。

太爱一个人，会被他牵着鼻子走，动辄方寸大乱，如被魔杖点中，完全失去了自我。从此，你没有了自己的思想，没有了自己的喜怒哀乐。你以他为中心，跟他在一起时，他就是整个世界；不跟他在一起时，世界就是他。

太爱一个人，会无原则地宽容他，慢慢地他习惯了这种纵容，无视你为他的付出，甚至会觉得你太没个性，甚至开始轻视、不尊重你……

太爱一个人，你就变成了一支蜡烛，奋不顾身地燃烧，只为求得一时的光与热。待蜡烛燃尽，你什么都没有了。而对方是一只手电筒，他可以不断放入新电池，永远保持活力。

太爱一个人，他会习惯你对他的好而忘了自己也应该付出，忘了你一样需要得到同等的回报——他完全被人宠坏了。不要以为你爱对方十分他也会爱你十分，爱是不讲理由的，所以很多时候，爱也是不平等的。

美国著名的“自尊运动之父”纳森尼尔·布兰登博士说：“永远不要与一个对你的智慧、才能、聪明不感兴趣，不支持、不鼓励你的男人有任何瓜葛，如果你爱上这样的男人，有一天你就会发现：不但他不懂得爱你，你自己也会失去爱自己的能力。”

不管是男人还是女人，都不要爱一个人爱得浑然忘却了自我。这个社会越来越不欢迎不顾一切的爱。给他呼吸的空间，也给自己留个余地——飞蛾扑火般的爱情，正在进行时固然让人觉得壮美，但若它成为过去时，你如何收拾那一地的狼藉？投入那么多，你能否面对那惨重的损失？

爱错了人，及时转身

在对的时间遇到对的人，得到的将是一生的幸福；在错误的时间里遇到错误的人，换回的可能就是一段心伤。在感情的故事里，有些人你永远不必等，因为等到最后受伤的只会是自己。

错位的感情即使得到了也不会幸福。所以，任何人在选择自己的爱人时都应该仔细想想，不要苛求那份本不该属于你的感情。现实是残酷的，一旦让感情错位，你所得到的结果就只会是苦涩。

王燕大学毕业后不久就与男朋友文华同居了，可是令她没有想到的是，文华竟背着她跟在法国留学的前任女友藕断丝连；后来在前女友的帮助下，文华很快就办好了去法国留学的签证，这时一直蒙在鼓里的王燕才知道事情的真相，就在她还未来得及悲伤的时候，文华已经坐上飞机远走高飞了。没有了文华，王燕也就没有了终成眷属的期待，她决心化悲痛为力量，将业余时间都用在学习上，准备报考研究生，她想充实自己，也想在美丽的校园里让自己洁净身心。

可是就在这时她发现，她怀上了文华的孩子，唯一的方法是不为人知地去做人工流产，而她的家乡并不在这里，她实在找不到可以托付的医院或朋友。

她的忧郁不安被她的上司肖科长发现了，一天，下班后办公室里只剩下王燕一个人时，肖科长走了进来，他盯着她看了好半天，突然问起了她的个人生活。这一段时日的忧郁不安使王燕经不起一句关切的问候，她不由得含着眼泪将自己的故事和盘托出。第二天肖科长便带她到一家医院，使她顺利做完了手术，又叫了一辆出租车送她回到宿舍，并为她买了许多营养品。

从那以后，她和肖科长之间仿佛有了一种默契，既已让他分担了生命中最隐秘的故事，她不由自主地将他看作是她最亲密的人了。有一天，她在路上偶然遇到肖科长和他爱人，当时他爱人正在大发脾气，肖科长脸色灰白，一声不吭，他见到王燕后，满脸尴尬。

第二天，肖科长与她谈到他的妻子，说她是一家合资企业的技术工人，文化不高收入却不低，在家中总是颐指气使，而且在同事和朋友面前也不给他留面子，他做男人的自尊已丧失殆尽。说着说着，他突然握住她的手，狂热地说："我真的爱你。"她了解他的无奈和苦恼，也感激他对她的关心和帮助，虽然明知他是有妇之夫，但还是身不由己地陷了进去。

不知是出于爱的心理还是知恩图报，反正她从此成了他的情人，他对她说的最多的一句话就是："我是真的喜欢你，你放心，我很快就会办离婚手续。"可是从来不见他开始行动，她心里明白，他不可能离开老婆孩子，但只要他真心爱她，她可以等待。

他们经常在办公室里幽会，时间一过就是两年，她无怨无悔地等了他两年。一天晚上，当肖科长正狂热地亲吻她时，办公室的门突然被撞开了，单位里另一个科的陶科长一声不吭地在门口站了一会儿，一言未发就走开了。肖科长顿时脸色惨白，原来，陶科长正在与他争夺副局长一职，可见他处心积虑地窥探他们已有多时。肖科长惊惶失措，仓皇地离她而去。她预料到会有事情发生，果然，他捷足先登，到上级那里交代，他痛心疾首地说自己一时糊涂，没能抵挡住她投怀送抱的诱惑。

她气愤至极，赶到他家里要讨个说法，她毕竟涉世未深，她还是个女孩子，他爱人不明所以，把她让到书房，不一会儿，她看到肖科长扛着一袋大米回来了，一进门就肉麻地叫着他爱人的小名，分明是一位体贴又忠诚的丈夫。然后直奔厨房，系起了围裙，等他爱人好不容易有空告诉他有客人来了时，他甩着两只油手，出现在书房门口，一见是她，大张着嘴半天说不出一句话。

刹那间，她的心泪雨滂沱，为自己那份圣洁的感情又遭践踏，也为自己真心错许眼前这个虚伪软弱的男人，所有的话都没有必要再说，她昂首走出了房门。

自尊心很强的她带着一身的创伤，辞职离开了这个给了她太多伤心的城市，从此开始了漂泊的生活。

在男女的特定关系中，最难用是非对错来衡量，更多的却是心智、策略和手段的较量与契合，有时等待是合理的，有时等待就是一种浪费，比如爱上有夫之妇或者有妇之夫，这样的等待，时间越长，伤害就越大。在婚外恋中，当事人并非不知什么是应该做的，什么是不应该做的，其实他们心中是雪亮的，只是有时是身不由己，有时是故意与自己过不去。

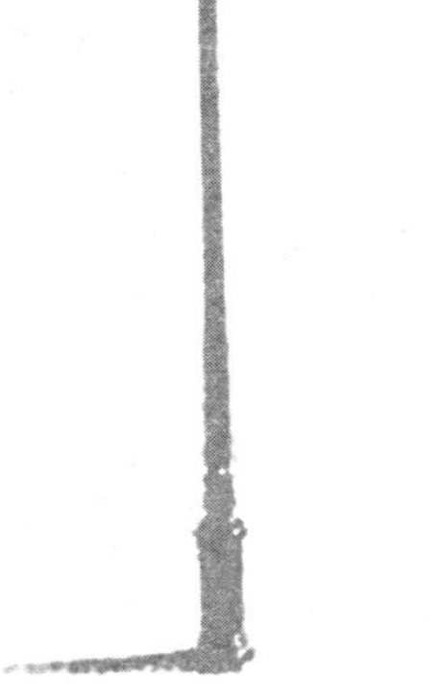

辑三　疗愈

在充满压抑的世界中，找回平和

我们总是乐于去劝解别人，但自己遭遇心结却难以化解。其实，最难劝的是自己。

如果你内心平和，那么无论发生什么，你都能坦然以对。生命可以很艰难，但它不需要压抑。无论如何，你应该笑着过活，并有所收获。

别让心灵患上“重感冒”

20世纪50年代，一位身着白裙子的金发女郎站在地铁通风口的镂空铁板上，一阵风吹来，她的白色大蓬裙顿时掀起一朵浪花……她的性感、神秘让无数人为之倾倒。然而这位性感女神，因几度感情失利开始慢慢走向疯癫，长年累月被折磨着。最终，年仅36岁的性感女星——玛丽莲·梦露，在洛杉矶私人房间中离开人世。

她是以情色电影而著称的漂亮演员，那些远在夜色里自己一个人打开DVD的男人们也都会记得她的名字。突然有一天，人们在报纸上看到，她在上海南阳路一幢24楼顶楼跃下自杀身亡，终年29岁，陈宝莲走了，留下了一个刚刚满月的孩子。

2000年9月10日下午，歌坛新秀筠子在北京寓所上吊自杀。年仅23岁筠子悄悄地走了，只留下那寂寞的歌声：“我心里什么都没有，就像没有痛苦；这个世界什么都有就像每个人都拥有……”

2003年4月1日，在这个戏剧性的节日里，一向十分注重形象并且患有恐高症的张国荣，竟以跳楼这种极端的方式上演了这个节日里最大的戏剧，引得众生无限感慨：“国荣，国荣，奈若何？”

这些原本风光无限的明星，为何选择这样一种方式结束自己的人生？事实上他们的死都离不开三个字——“抑郁症”！

抑郁症，以情感低落、思维迟缓，以及言语动作减少、迟缓为典型症状。抑郁症严重困扰患者的生活和工作，给家庭和社会带来沉重的负担，约 15% 的抑郁症患者死于自杀。世界卫生组织、世界银行和哈佛大学的一项联合研究表明，抑郁症已经成为中国疾病负担的第二大病。

由于我国普通民众对医疗知识的匮乏，很多人都认为心理上的病是小事，不愿意花时间、更不愿意花钱去治疗它，但事实上，抑郁症对于人们的生活影响非常之大。医学临床资料显示，抑郁症会导致患者身体功能、事业、智商以及家庭大受伤害。它主要表现为五个特征：呆、懒、变、忧、虑，即：生活态度不积极、与人交往不积极、食欲不振、反应变慢、无乐、无助、无趣、无望、动不动就想要自杀。

现代人产生抑郁倾向的概率非常高，许多人因为追求完美、希望获得他人肯定而不断给予自己压力，加上又过度压抑情绪，焦虑指数一直也就降不下来，一旦时间久了就容易出现抑郁症。因此适时为情绪找出口是非常重要的。

何必让自己强颜欢笑

现代的都市白领，由于“工作的需要”“面子的需要”“礼节的需要”“尊严和责任的需要”，他们白天大多数时间都面带微笑，然而，这种“微笑”并不是发自内心深处的真实感受，而是一种负担，久而久之，就会成为情绪上的抑郁。

作为商场部门经理，杨蒙蒙要求她的下属工作时间必须保持一张标准的笑脸，对自己更是高标准严要求，除了微笑，还要有温柔的语气。其实，生活中每个人都会有情绪落差，但她们的工作特性，则把这个正常的生理现象给硬生生地“抹杀”了。为了工作，为了顾客，她们的情绪始终要保持高涨，精神饱满。

杨蒙蒙做经理已经有五年了，五年里，微笑已经成为她的职业习惯，只要一踏进商场，她的脸就不自觉地会露出职业性的微笑，哪怕她今天的心情再郁闷。微笑也确实给她的事业带来很多益处，连续五年都被评为先进工作者，周到的服务和适时送上的微笑，也确实赢得了众多顾客的称赞。领导把她作为年轻员工的榜样，更把她视为公司的门面和招牌。种种荣誉，让杨蒙蒙欲罢不能。时间长了，毕竟是食五谷杂粮，有七情六欲的人，压抑太久，身心都难以承受。她很想卸下面具，给自己的情绪和心情有个释放的机会，遇到那些蛮不讲理的顾客，也想痛痛快快地和他们“对簿公堂”，让他们懂得尊重是相互的，但是，“顾客是上帝”，这是公司的信条，无法违背。她只能把压抑和郁闷带回家发泄。丈夫和孩子，是受害最重的对象，其次是她的父母。

看到无辜受害的亲人，杨蒙蒙不仅仅是内疚，而是揪心地痛，但她却无法控制自己的情绪，家人已经好久没有看见她由衷地笑了，她自己也已经忘记发自内心的笑应是怎样的心情，怎样的快乐。5岁的儿子常常会埋怨，妈妈像个火药桶，一碰就炸，丈夫则会打趣地说“妈妈生病了，妈妈得的是心病”，每当这时，杨蒙蒙只有沉默。有时候，她真的很怕，怕自己的改变，怕自己的现状，更怕自己终于有一天承受不起而崩溃。

杨蒙蒙的确是患了心病，长期以来的强颜欢笑，让她变得心力交瘁，心中的“闷”难以排解，家人便跟着遭了殃。这种带有一定职业色彩的抑郁症被称之为“微笑抑郁症”，多发生在都市白领身上。事实上，“习惯性微笑”并不能消除工作、生活等各方面带来的压力、烦恼、忧愁，反而会让他们把忧郁和痛苦越积越深，于是乎，“微笑性抑郁症”这个肉眼看不见的痛苦，开始在都市中蔓延开来。

然而，很多人虽然内心深处感到非常压抑和忧愁，为了维护自己在别人心目中的美好形象，他们却选择了掩饰自己，表面上装作若无其事。殊不知，坏情绪积攒到一定程度时，可能会出问题，这个问题可大可小，不能忽视。

对于杨蒙蒙这样的人来说，当前最要紧的是扯下微笑的“伪面具”！既然这种抑郁倾向缘于白领的“微笑信条”，那么扯下微笑的“伪面具”也许是最好的自救方法。重要的是，不要把微笑看作是解决一切问题的法宝，调整待人接物的思维方式，以真实诚挚的心态处世，要认识到真实是最有生命力的。

其实你已足够幸福

幸福是一种内心的满足感，是一种难以形容的甜美感受。它与金钱、地位无关，只在于你是否拥有平和的内心、和谐的思想。

一个充满嫉妒想法的人是很难体会到幸福的，因为他的不幸和别人的幸福都会使他自己万分难受；一个虚荣心极强的人是很难体会到幸福的，因为他始终在满足别人的感受，从来不考虑真实的自我；一个贪婪的人是很难体会到幸福的，因为他的心灵一直都在追求，而根本不会去感受。

幸福是不能用金钱去购买的，它与单纯的享乐格格不入。比如你正在大学读书，生活相当清苦，但却十分幸福。过来人都知道，同学之间时常小聚，一瓶二锅头、一盘花生米、半斤猪头肉，就会有说有笑，彼此交流读书心得，畅谈理想抱负，那种幸福之感至今仍刻骨铭心，让人心驰神往。昔日的那种幸福，今天无论花多少钱都难以获得。

一群西装革履的人吃完鱼翅鲍鱼笑眯眯地从五星级酒店里走出来时，他们的感觉可能是幸福的。而一群外地民工在路旁的小店里，就着几碟小菜，喝着啤酒，说说笑笑，你能说他们不幸福吗?

因此，幸福不能用金钱的多少去衡量，一个人很有钱，但不见得很幸福。因为，他或者正担心别人会暗地里算计他，或者为取得更多的名利而处心积虑。许多人全心全意地追求金钱，认为有了钱就可以得到一切，事实证明，那只是傻子的想法。

其实，幸福并不仅仅是某种欲望的满足，有时欲望满足之后，体验到的反而是空虚和无聊，而内心没有嫉妒、虚荣和贪婪，才能体验到真正的幸福。

湖北的一个小县城里，有这样一家人，父母都老了，他们有三个女儿，只有大女儿大学毕业有了工作，其余的两个女儿还都在上高中，家里除了大女儿的生活费可以自理外，其余的生活压力都落在了父亲的肩上。但这一家人每个人的感觉都是快乐的。晚饭后，父母一同出去散步，和邻居们拉家常，两个女儿则去学校上自习。到了节日，一家人团聚到一块儿，更是其乐融融。家里时常会传出孩子们的打闹声、笑声，邻居们都羡慕地说：“你们家的几个闺女真听话，学习又好。”这时父母的眼里就满是幸福的笑。其实，在这个家里，经济负担很重，两个女儿马上就要考大学，需要一笔很大的开支。家里又没有一个男孩子做顶梁柱，但女儿们却能给父母带来快乐，也很孝敬。父母也为女儿们撑起了一片天空，让她们在飞出家门之前不会感受到任何凄风冷雨。所以，他们每个人都是快乐和幸福的。

古人李渔说得好：“乐不在外而在心，心以为乐，则是境皆乐，心以为苦，则无境不苦。”意思是说：一个人是否幸福不在于自己外在的情况怎样，而在于内在的想法。如果你有积极的想法，即使是日常小事，你也会从中获得莫大的幸福；倘若你消极思考，那么任何事情都会让你感到痛苦。苏轼也说：“月有阴晴圆缺，人有悲欢离合，此事古难全。”既然“古难全”，为什么你不去想一想让自己快乐的事，而去想那些不快乐的事呢？一个人是否感觉幸福，关键在于自己的想法。

如果今天早上你起床时身体健康，没有疾病，那么你比拥有几百万的有病之人更幸运，因为他们中有的甚至看不到下周的太阳了；如果你从未尝试过战争的危险、牢狱的孤独、酷刑的折磨和饥饿的滋味，那么你的处境比其他 5 亿人更好；如果你在银行里有存款，钱包里有票子，盒里有零钱，那么你属于世上 8% 的最幸运之人；如果你父母双全，没有离异，且同时满足上面的这些条件，那么你的确是那类很幸运的地球人。

所以，去工作而不要过于以挣钱为目的；去爱而忘记别人对你的不是；去跳舞而不管是否有他人关注；去唱歌而不要想着是否有人在听；去生活就想这世界便是天堂。这样，你就会发现其实你也很幸福！

生活不会抛弃任何人

很多时候，很多人都会产生一种被抛弃的错觉，因而感到孤单，感到无奈，感到无助，感觉阳光骤然间失去了往昔的温暖，感觉阴云在不断蔓延，感到天地间一片昏暗……恍惚间，仿佛一切将离自己远去，于是独自蜷缩在黑暗的角落，品尝“寂寞梧桐深院锁清秋”的孤寂，任泪水在心中长流……

她把自己当成一个折翼天使，她的网名就叫“折翼青鸟”。她从小就住在大别墅里，很少像其他小朋友一样出去玩闹，每天的事情就是学弹琴，学芭蕾，学诗词，学习好多知识。可是她越学，越觉得孤单。每天与孤月相伴，只有星星听她的诉说。

她很小的时候，父母就离异了，她跟着妈妈，感觉像被爸爸抛弃了一样。10 岁那年，母亲不幸因病去世，她觉得被整个世界抛弃了。她和姥姥一起生活，虽然姥姥对她非常好，可她还是总有一种寄人篱下的感觉，她觉得现在能保护她的，只有自己了，她不敢过多接触外面的世界，她觉得那里有太多未知的危险。她觉得自己把自己保护得很好，可是，她觉得自己越来越孤独。

转眼她成了一个亭亭玉立的大姑娘了，有很多人喜欢她，可是她冷得像冰山一样，拒绝所有人的接近，她觉得他们一定会伤害自己。她从来不用别人的帮助，看似非常独立，可内心却异常脆弱。她经常一个人落寞地看夕阳，看月亮，美丽的眼睛，迷茫的眼神，她的心已经飘向了她所向往的另一个世界。

其实，这一切或许只是因为她的内心太过悲观。

有时我们觉得自己已然被生活、被这个世界所抛弃，其实并没有，因为这个世界处处弥漫着温暖，这一切足以融化你冰封的心。

一个在孤儿院长大的男孩讲述着他的故事：

我自幼便失去了双亲。9岁时，我进了伦敦附近的一所孤儿院。这里与其说是孤儿院，不如说是监狱。白天，我们必须工作14个小时，有时在花园，有时在厨房，有时在田野。日复一日，生活上没有任何调剂，一年中仅有一个休息日，那就是圣诞节。在这一天，每个人还可以分到一个甜橘，以欢庆基督的降世。

这就是一切，没有香甜的食物，没有玩具，甚至连仅有的甜橘，也唯有一整年没犯错的孩子才能得到。

这圣诞节的甜橘就是我们整年的盼望。

又是一个圣诞节，但圣诞节对我而言，简直就是世界末日。当其他孩子列队从院长面前走过，并分得一个甜橘时，我必须站在房间的一角看着。这就是对我在那年夏天，要从孤儿院逃走的处罚。

礼物分完以后，孩子们可以到院中玩耍；但我必须回到房间，并且整天都得躺在床上。我心里是那么悲哀，我感到无比羞愧，我吞声饮泣，觉得活着毫无意义！

这时，我听到房间有脚步声，一只手拉开了我蜷缩其下的被子。我抬头一看，一个名叫维立的小男孩站在我的床前，他右手拿着一个甜橘，向我递来。我疑惑不解——哪里多出的一个甜橘呢？看看维立，再看看甜橘，我真的被搞糊涂了，这其中必定暗藏玄机。

突然，我了解了，这甜橘已经去了皮，当我再近些看时，便全明白了，我的泪水盈眶而出。我伸手去接，发现自己必须好好地捏紧，否则这甜橘就会一瓣瓣散落。

原来，有 10 个孩子在院中商量并最后决定——让我也能有一个甜橘过圣诞节。

就这样，他们每人剥下一瓣橘子，再小心组合成一个新的、好看的、圆圆的甜橘。这个甜橘是我一生中得到的最好的圣诞礼物，它让我领会到了真诚、可贵的友情。重点在于，那些同伴并不愿意让这个“坏孩子”受到惩罚。

有时候，你认为全世界都抛弃了你，可它并没有，它不会抛弃任何人，只是你，不愿接受这个世界。

在痛苦深处，仍要微笑

遗憾会使有些人堕落，也会使有些人清醒；能令一些人倒下，也能令一些人奋进。同样的一件事，我们可以选择不同的态度去对待。如果我们选择了积极，并做出积极努力，就一定会看到前方瑰丽的风景。

其实，人生中的遗憾并不可怕，怕就怕我们沉浸在戚戚地遗憾诉说中停滞不前。甚至是那些看似无法挽回的悲剧，但只要我们意念强大，勇敢面对，就能修正人生航向，创造人生幸福，实现人生价值。

美国女孩辛蒂在医科大学时，有一次，她到山上散步，带回一些蚜虫。她拿起杀虫剂想为蚜虫去除化学污染，却感觉到一阵痉挛，原以为那只是暂时性的症状，谁料她的后半生从此陷入不幸。

杀虫剂内所含的某种化学物质使辛蒂的免疫系统遭到破坏，使她对香水、洗发水以及日常生活中接触的一切化学物质一律过敏，连空气也可能使她的支气管发炎。这种"多重化学物质过敏症"，到目前为止仍无药可医。

起初几年，她一直流口水，尿液变成绿色，有毒的汗水刺激背部形成了一块块疤痕。她甚至不能睡在经过防火处理的床垫上，否则就会引发心悸和四肢抽搐。后来，她的丈夫用钢和玻璃为她盖了一所无毒房间，一个足以逃避所有威胁的"世外桃源"。辛蒂所有吃的、喝的都得经过选择与处理，她平时只能喝蒸馏水，食物中不能含有任何化学成分。

很多年过去了，辛蒂没有见到过一棵花草，听不见悠扬的歌声，感觉不到阳光、流水和风。她躲在没有任何饰物的小屋里，饱尝孤独之余，甚至不能哭泣，因为她的眼泪跟汗液一样也是有毒的物质。

然而，坚强的辛蒂并没有在痛苦中自暴自弃，她一直在为自己，同时更为所有化学污染物的牺牲者争取权益。后来，她创立了"环境接触研究网"，以便为那些致力于此类病症研究的人士提供一个窗口。几年以后辛蒂又与另一组织合作，创建了"化学物质伤害资讯网"，保证人们免受威胁。

目前这一资讯网已有来自 32 个国家的 5000 多名会员，不仅发行了刊物，还得到美国、欧盟及联合国的大力支持。

她说："在这寂静的世界里，我感到很充实。因为我不能流泪，所以我选择了微笑。”

是啊，既然不能流泪，不如选择微笑，当我们选择微笑着面对生活时，我们也就走出了人生的冬季。

岁月匆匆，人生也匆匆，当困难来临之时，学着用微笑去面对、用智慧去解决。永远不要为已发生的和未发生的事情忧虑，已发生的再忧虑也无济于事，未发生的根本无法预测，徒增烦恼而已。你得知道，生活不是高速公路，不会一路畅通。人生注定要负重登山，攀高峰，陷低谷，处逆境，一波三折是人生的必然，我们不可能苦一辈子，但总要苦一阵子，忍着忍着就面对了，挺着挺着就承受了，走着走着就过去了。

其实，上天是很公平的，他会给予每个人实现梦想的权利，关键看你如何去选择。琐事缠身、压力太大——这些都不应该是我们放弃梦想的理由，在身残志坚的人面前这会让你抬不起头。要知道，幸福感并不取决于物质的多寡，而在于心灵是否贫穷，你的心坚强，世界也会坚强。

所有的苦难，都是礼物

刚毅拯救尘俗边缘的灵魂，摒弃了世俗的舒适和安逸带来的贪恋、犹疑、怯懦，所有的困厄在其面前最终只能销声匿迹。

刚毅体现壮美，这种壮美势必扬弃盲目的追求和取舍，让思想更深刻、心灵更坚韧、品德更高尚。

自然而完美的高音，唯有帕瓦罗蒂！

他是一个从小生长在家境十分贫寒中的苦孩子，有一个做面食师的父亲，在雪茄厂做工人的母亲，收入的微薄却从未动摇过一个孩子对歌唱的执着。

声乐课后的帕瓦罗蒂还要做每个月仅 8 美元的家教，这对他来说是杯水车薪。于是他又去卖保险，却又因此导致声带受损，无法发音。这对于他无异于雪上加霜。疾病几乎令他却步！但他的骨子里却一直涌动着顽强不息的斗志。

痊愈后的帕瓦罗蒂开始在意大利一家歌剧院演出。他备受排挤、压制，表演的机会少得可怜，但他始终没有放弃潜心苦练。1963 年世界著名指挥家冯·卡拉发现了这个人才。在 1970 年《军中女郎》的一个咏叹调，他以一连串爆发 9 个高音 C 的奇迹，征服了美国音乐人赫伯特·布莱斯林，同时也征服了世界。一个穷孩子成长为男高音歌唱家，靠的就是与困境进行顽强斗争的精神。

弥尔顿有句名言："谁最能忍受苦难，谁的能力最强。"乘风破浪，顽强拼搏。苦难或许是上帝送给人最好的礼物，通过艰苦磨炼才会产生不屈不挠的人。

苦难往往是经过化妆的幸福。"黑暗并不可怕。"一位波斯圣哲说。苦难往往是令人心酸的，但是它是有益于身心的。不屈不挠的人是自信的，他的人生字典写满成功；不屈不挠的人是刚强的，他总有一个支撑自己的精神支柱。最高尚的品格是不屈不挠磨炼出来的，一颗坚韧而又刚毅的心灵从炼狱般的锻造所获取的要比从安逸享受中产生的成功多得多。

同一种命运，对刚毅的人和懦弱的人会有不同的结局。懦弱的人屈从于命运，刚毅的人用不屈不挠的精神改造命运，锻造人生。

莎莉·拉斐尔是美国著名的电视节目主持人，曾经两度获奖，在美国、加拿大和英国每天有800万观众收看她的节目。可是她在30年的职业生涯中，却曾被辞退18次。

刚开始，美国大陆的无线电台都认定女性主持不能吸引观众，因此没有一家愿意雇用她。她便迁到波多黎各，苦练西班牙语。有一次，多米尼亚共和国发生暴乱事件，她想去采访，可通讯社拒绝她的申请，于是她自己凑够旅费飞到那里，采访后将报道卖给电台。

1981年她被一家纽约电台辞退，无事可做的时候，她有了一个节目构想。虽然很多家广播公司觉得她的构想不错，但因为她是女性，还是没有公司愿意雇用她。最后她终于说服了一家公司，受到了雇用，但她只能在政治台主持节目。尽管她对政治不熟，但还是勇敢尝试。1982年夏，她的节目终于开播。她充分发挥自己的长处，畅谈7月4日美国国庆对自己的意义，还请观众打来电话互动交流。令人想不到的是，节目很成功，观众非常喜欢她的主持方式，所以她很快成名了。

当别人问她成功的经验时，她发自内心地说："我被人辞退了18次，本来大有可能被这些遭遇所吓退，做不成我想做的事情。结果相反，我让它们鞭策我前进。"

正是这种不屈不挠的性格使莎莉在逆境中避免了一蹶不振、默默无闻的一生，最终走向了成功。

一念之间，幸福可见

生活的现实对于每个人本来都是一样，但一经各人不同“心态”诠释后，便代表了不同的意义，因而形成了不同的事实、环境和世界。心态改变，则事实就会改变；心中是什么，则世界就是什么。

有位朋友，干什么都不顺利，濒临崩溃，他觉得自己的人生暗无天日，似乎已经找不到活下去的理由。他找到心理医生，向对方诉说着自己的失意与苦恼。

心理医生听完他的抱怨，取来一张中间带有黑点的白纸，“先生，用你的心去看，你看到了什么？”

“不就是一个黑点么，还有什么？”他感到莫名其妙。

“这么大一张白纸你都没有看到？”心理医生故作惊讶，“那好吧，既然你眼中只有黑点，就盯着这个黑点看两分钟。记住！不能将眼睛移向别处，看看你会有什么发现。”

他依言而行。

“黑点似乎变大了。”

“是的，如果将眼睛集中在黑点上，它就会越来越大，乃至充斥你整个人生，这是非常不幸的。”说着，心理医生又取来一张黑纸，中间部位画有一个白点，“你再看看这张。”

他似乎有所领悟，“是个白点，如果我一直看下去，它也会越来越大，对吗？”

“非常正确！如果你的心能够在黑暗中看到光明，并将它集中在光明上，你的世界也会越发明亮起来。”

人这一辈子，短暂也好、漫长也好，都需要用心去感悟、用心去品味、用心去经营。人生是一个在摸索中前进的过程，既然是摸索，就免不了有失误，免不了要受挫折，事实上，没有人能够不受一丝风霜地走完人生。只不过，在相同的情况下，人们不同的心态决定了各自的人生质量。

有的人其实一直生活在幸福中，却总是感到备受煎熬，因为他习惯了盯着生活中的“黑点”：某一个困难、某一次挫折，甚至可能就是一点点的不如意，就会唤起他们的消极想象，心灵被一种渗透性的负面因素所左右，黑点被越放越大，遮住了生活中原本的美好。其实，这种“糟透了”的感觉并不是事实，而是一种被严重夸大的、歪曲的消极意识和心理错觉。这种惯性的却又十分荒谬的心理倾向，其实正是使我们心灵备受煎熬的罪魁祸首。

真正快乐的人都善于积极地思考，他们看到的多是生活中的“白点”：哪怕处在人生的低谷，也在接受生命中的阳光。在他们看来，跌倒了并不可怕，重要的是懂得站起来时手里能够抓到一把沙。跌倒了的确会痛，但快乐的人转念一想，手中抓了一把沙也是一种收获，尽管这把沙子看上去毫不起眼，可是积累多了也能聚沙成塔。

生活永远是这样矛盾并辩证统一的，翻手为云，覆手为雨。在同一个环境下，不同的思考会得到不同的心境。

如果有火柴在你的口袋中燃烧起来，可以这样去想：感谢上苍，幸亏我的口袋不是火药库；

如果有穷亲戚来找你借钱，可以这样去想：幸亏来的不是强盗；

如果你的手指扎了一根刺，可以这样去想：幸亏没有扎在眼睛上；

如果你的一颗牙疼，可以这样去想：幸亏不是满口牙疼；

如果你要去郊游，途中突然下起了雨，让人扫兴极了，可以这样去想：老天真是照顾人，这么热的天怕我中暑，及时来降温；

米煮熟了，却忘了关掉电源，结果饭糊了，锅底结了一层厚厚的锅巴，别懊恼，可以这样去想：真好，可以吃到一顿纯绿色、原汁原味的锅巴了；

就算是事业失败，你也可以把它看成成功路上的垫脚石，这样的故事有很多很多……

生命中的每一个时刻，都去作这种积极的思考，会给我们的人生注入强大而神奇的精神力量，当困境来临之际，你就有能力将困境带来的压力升华为一种动力，将能量引向对己、对人、对社会都有利的方向，在获得心理平衡的同时，接近人生的成功。

这种积极的思考，其实就是给我们的生活一个假设，假设“黄连”可以当“蜂蜜”尝，假设棚顶滴水亦可作琴声听，假设不幸就是幸运……这样转念一想，你眼前的状况就会大不一样。从某种意义上讲，这是给我们的心灵一种追求和期待，是一种心境的胜利和收获。

画一扇明窗给自己

悲观的人永远都是想到自己只剩下百万财富而担忧，乐观的人却永远为自己还剩下一块钱而庆幸。面对金黄的晚霞映红半边天的情景，有人叹息：“夕阳无限好，只是近黄昏。”也有人想到的却是：“莫道桑榆晚，晚霞尚满天。”面对半杯饮料，有人遗憾地说：“可惜只有半杯了。”有人庆幸地说：“尚好，还有半杯可饮。”不同的人对同一件事有不同的心情，不同的心情必然有不同的结果。

黄永玉是我国著名的书画艺术家，他自幼喜爱绘画，少年时期便因木刻作品蜚声画坛，有“中国三神童之一”的美誉。但也许你想不到，这样一位绘画大师，同时也是一位“心境”大师。

那一年，黄永玉带着他那颗饱经沧桑的心来到了北京，就住在今天被他命名为“芥末”的故居中。这是一所四壁是墙的老房子，除了一个极为狭窄的门外，整幢房子连一扇窗也没有。倘若关了门，房间里就会如同半夜一样黑得伸手不见五指。然而出人意料的是，黄永玉并没有嫌弃这个令人憋闷的家，反而开口大笑起来。只见他一边笑，一边拿出一张白纸贴在墙上，然后开始在白纸上画画。不一会儿，纸上便出现了一扇极为逼真的窗户，与真的窗户几乎毫无两样。顿时，整个房间明亮起来，就像屋外的阳光一下子都涌进了这间小屋一样。在场的所有人都被震住了，然后便纷纷鼓掌叫起“好”来。

人们之所以会连连叫“好”，除了惊叹黄永玉大师出神入化、撼人心魄的画技外，恐怕更多的是被他这种“画一扇窗给自己”的豁达超然的人生态度所折服吧。

角度不同，对问题的看法各有所异，有人积极，有人消极。消极思维者只看坏的一面，对事物总能找到消极的解释，最终他们也将得到消极的结果。而积极思维者却更愿意从好的方面考虑问题，并通过自己的努力，得到一个积极的结果。

其实，事物的本身并不影响人，人们是受到对事物看法的影响。其实，不管遭遇何种打击、困境，只要心中有接纳阳光的窗户，我们便能透过现实的黑暗，看到窗外那片明亮的风景。

所以，无论成或败，都要明白：人生需要一个好的心态。人生的进退，生活的好坏，有时就取决于心态，努力是一种结局，放弃也是一种结局。只是不同的心境，有着不同的结果，你笑，天是蓝的；你哭，天是阴的。学会生活，需要一个好的心态；走好人生，需要一个好的心境。心态有时就决定着生活的苦与甜，成与败。

请相信，希望还在

鲁迅先生说：“希望是附着于存在的，有存在便有希望，有希望便是光明。”当我们面对濒临绝望的境地时，心中必须对希望要有一份坚守，并不断地去努力寻找希望，只有如此，才会在失望中重生。

有两位英国考古学家，为了寻找所罗门王朝的遗址，他俩历尽千辛万苦，穿越了热带丛林、沼泽、沙漠，最后终于到达了遗址的所在地。在发掘中，意外地发现了所罗门王的墓地。这个墓地建在一个山洞中。当他们走进山洞的时候，洞口的巨石突然坍塌下来，堵住了洞口。他们使出了浑身的力气，想推开它，但巨石始终纹丝不动。无奈之下，他们只好举着火把向山洞里走去，去寻找其他的出口。然而，直到山洞的尽头，依然没有出口。顿时，一种恐惧感涌上他们的心头，使他们想到了死亡！面对着洞壁那黑森森的岩石，他们感到窒息。然而，即使在走投无路的生死关头，他们也没有绝望，更没有坐以待毙，一种求生的意念，仍然支撑着他们继续寻找下去。

当他们喝完最后一滴水，疲惫地坐在地上，望着眼前石壁上的雕刻，想着这次发现的重大意义时，一定要找到出口的念头，就如同插在岩壁上的火把那样，照亮了他们孤寂的心。他们想到墓穴如果是封闭的，山洞里就会缺氧，火把就会熄灭。现在火把仍在燃烧，这就说明洞中还有氧，山洞与外界并没有完全隔绝。于是，他们继续寻找。终于在一个地方，发现火把突然更亮了，并且随风抖动起来，隔着岩壁还能听到潺潺的流水声，随即便看到了用碎石填满的另一个洞口……

他们终于走出了绝境，将所罗门王朝遗址的奥秘公之于世。

无论遇到怎样的磨难，无论面临怎样的困境，我们都要坦然面对，只要心里尚有突破的希望，每一个明天都能给人带来惊喜。

其实，生活的现实对于我们每个人本来都是一样的。但一经各人不同"心态"的诠释后，便代表了不同的意义，因而形成了不同的事实、环境和世界。心态改变，则事实就会改变；心中是什么，则世界就是什么。心里装着哀愁，眼里看到的就全是黑暗；心里装着信念、装着坚忍，你的世界亦会随之刚强起来。

多年前，有一个美国女孩因为一场意外使双眼受了重伤，她只能借助左眼角的小缝隙勉强看到东西。在童年时，她很喜欢和邻居家的孩子们玩跳房子游戏，不过，她根本看不见记号，所以只有将自己游玩的每一个角落都记在心中。这样，即便是和孩子们赛跑她也从来没有输过。正是凭着这种坚韧的精神，长大以后她斩获了明尼苏达大学文学学士及哥伦比亚大学的文学硕士。

她年轻时曾经在明尼苏达的一个乡村里当过教师，后来又成了"奥加斯达·卡雷基"的新闻学和文学教授。这13年她过得很充实，她不止教书育人，还在妇女俱乐部做演讲、在电台做谈话节目。再后来，她写了一本自传体小说——《我想看》，一经发表立即引起轰动，成为畅销良久的文学名作。她就是50年如盲人般生活的波基尔多·连尔教授。

对于自己的成功，她这样说："其实在我的心中，不时也会冒出是否会变成全盲的恐惧，但是我坚信生活会很美好，我以一种乐于面对的高度去面对我的人生。”或许是上天对于她这份坚持的奖励，终于在52岁时，波基尔多·连尔教授经过现代先进医术的治疗，获得了40倍于以前的视力。相信，如果没有对于信念的坚守，她所看到的一定不会是如此绚烂的世界。

只要还相信有希望，就会有奋斗，就会有机会。最悲惨的就是万念俱灰。一些人在连续遭遇挫折后，失去了自信心，经历了多次众叛亲离，以致最终绝望。其实，人在低谷的时候，只要你抬脚走，就会走向高处，这就是否极泰来；如果你躺下不动了，这就是坟墓。

打开封闭已久的心门

如果不想深陷抑郁之中，那么就要走出自己狭小的空间，学着主动敞开心扉，多与人交流、沟通，多找一些事情来做，让自己有所寄托，这样做会使抑郁离你而去，心灵也就更加丰盈、更加悠然。

曹菲的丈夫因脑瘤去世后，她变得郁郁寡欢、脾气暴躁，以后的几年，她的脸一直紧绷绷的。

一天，曹菲在小镇拥挤的路上开车，忽然发现一幢房子周围竖起一道新的栅栏。那房子已有一百多年的历史，有很大的门廊，过去一直隐藏在路后面。如今马路扩展，街口竖起了红绿灯，小镇已颇有些城市的味道，只是这座漂亮房子前的大院已被蚕食得所剩无几了。

可泥地总是被打扫得干干净净，上面绽开着鲜艳的花朵。一个系着围裙、身材瘦小的女人，经常会在那里侍弄鲜花，修剪草坪。

曹菲每次经过那房子，总要看看迅速竖立起来的栅栏。一位年老的木匠还搭建了一个玫瑰花阁架和一个凉亭，并漆成雪白色，与房子很相称。

一天她在路边停下车，长久地凝视着栅栏。木匠高超的手艺令她惊叹不已。她实在不忍离去，索性熄了火，走上前去，抚摸栅栏。它们还散发着油漆味。里面的那个女人正试图开动一台割草机。

“喂！”曹菲一边喊，一边挥着手。

“嘿，亲爱的。”里面那个女人站起身，在围裙上擦了擦手。

“我在看你的栅栏。真是太美了。”

那位陌生的女子微笑道：“来门廊上坐一会儿吧，我告诉你栅栏的故事。”

她们走上后门台阶，当栅栏门打开的那一刻，曹菲欣喜万分，她终于来到这美丽房子的门廊，喝着冰茶，周围是不同寻常又赏心悦目的栅栏。“这栅栏其实不是为我而设的。”那妇人直率地说道，“我独自一人生活，可有许多人来这里，他们喜欢看到真正漂亮的东西，有些人见到这栅栏后便向我挥手，几个像你这样的人甚至走进来，坐在门廊上跟我聊天。”

“可面前这条路加宽后，这儿发生了那么多变化，你难道不介意？”

“变化是生活中的一部分，也是铸造个性的因素，亲爱的。当你不喜欢的事情发生后，你面临两个选择：要么痛苦愤怒，要么振奋前进。”当曹菲起身离开时，那位女子说：“任何时候都欢迎你来做客，请别把栅栏门关上，这样看上去很友善。”

曹菲把门半掩住，然后启动车子。内心深处有种新的感受，但是没法用语言表达，只是感觉到，在她那颗愤怒之心的四周，一道坚硬的围墙轰然倒塌，取而代之的是整洁雪白的栅栏。她也打算把自家的栅栏门开着，对任何准备走近她的人表示出友善和欢迎。

没有人会为你设限，人生真正的劲敌，其实是你自己。别人不会对你们封锁沟通的桥梁，可是，如果你自我封闭，又如何能得到别人的友爱和关怀。走出自己的狭小的空间，敞开你的心门，用真心去面对身边的每一个人，收获友情的同时，你眼中的世界会更加美好。

所以说，一个忧郁的人，若想克服，就必须远离自怜的阴影，勇敢地走入充满光亮的人群里。我们要去认识人，去结交新的朋友。无论到什么地方，都要兴高采烈，把自己的欢乐与别人分享。

为了爱，好好活着

在我们一生中，有多少值得我们爱的人和事，多少的牵挂不舍，尽管生命中也有那么多磨难和眼泪，但这些爱足以成为我们活下去的理由。

曾看过一篇翻译小说，是述说第一次世界大战发生在欧洲战场上的一个故事。

当时，德法交战，战况激烈，双方都死伤累累。

一次战役后，双方暂时偃旗息鼓，开始清点死伤的士兵，同时派出医护人员巡视战场，抢救伤患者。由于医护人员不足，只能先抢救那些尚有一息痊愈希望的伤患者，对于那些伤势过重，根本不可能有生存机会的伤兵就只有放弃了。

有一位法国士兵，伤得极重，奄奄一息。军医检查了一下他的伤口，对其他人摇了摇头。

这个法国士兵大惊，内心十分焦灼惶恐，不断在心里呐喊：

“求求你们，不要丢下我不管啊！”

他伤得实在太重了，发不出任何声音来阻止他们，只能眼睁睁地看着他们离去，心中充满悲哀绝望。

战场上像死一般沉寂，身旁除了那些死去的伙伴之外，再也没有一个人。

夜，越来越深，他感到死神一步步向他逼近，他恐惧极了。

他的眼皮越来越沉重，不断地往下垂。他很清楚，只要一昏迷，他就永远醒不过来了，永远回不到他的家乡，见不到他的妻儿。

他努力抗拒着死神的召唤，为了保持清醒，他强迫自己回想以往那些美好的日子。

他的出生地，法国南部乡下一个美丽的小市镇，一望无际、随风波涛起伏的麦田，他和那些小伙伴，一起在麦田中追逐嬉戏，多么快乐无忧的童年啊！

17 岁时，他第一眼看见现在的妻子，金黄色的头发在阳光下闪闪发光，一双清澈的大眼睛比夏日的晴空还要明亮，他立刻爱上了她。那是多么甜蜜、令人陶醉的岁月啊！青春的生命，真挚的爱情，他们彼此深深地吸引着。

至今，他仍然记得，他们第一次的约会，第一次的拥吻，第一次的……可爱的她终于接受了他的求婚，他欢喜若狂，恨不能将这个好消息告诉全世界的人。

婚后没有多久，他们就有了自己的宝宝。

抱着初生的婴儿，他有着为人父者的骄傲，这是他生命的延续。他默默地告诉自己，一定要好好栽培儿子，让他接受最好的教育，顺顺利利地长大……

然而，此刻他却无助地躺在战场上。天啊！他不能让他美丽的妻子年纪轻轻就成了寡妇，尚在襁褓中的稚子成了无父的孤儿，他不能死在这里，他一定要回去，他的妻儿都在等着他。

夜色渐渐退去，天亮了，医护人员再一次巡视战场，发现他一息尚存，大感惊讶地说：

“这个人原本已经没救了，居然还能撑到现在，真是奇迹！”他们把他抬回后方，在悉心的照料下，这个法国士兵终于恢复了健康，回到了他日夜思念的故乡，回到了他妻儿的怀抱。

想想看，在我们一生中，有多少值得我们爱的人和事，多少的牵挂不舍，尽管生命中也有那么多磨难和眼泪，但因为这些爱，就让我们好好活下去吧。

辑四　佛系

你和喜悦之间，只差一点不在意

人生总有痛苦相随，烦恼总是不请自来。其实，痛苦源于心灵反应，烦恼始于计较的心。所以，如果想要活得幸福，就要更加重视自己快乐的心理反应；想要远离痛苦，就要尽量避免不快乐的心理反应。

人的烦恼始于太计较

在人这一生中，必然会遇到这样那样的事情。偏执之人，总是喜欢将事事都记在心里，一旦无法想通，就会郁郁成结，劳心而又伤神。

事实上，很多事情我们一旦看清它的本质，自然而然就会逐渐放下，很多事情我们根本就没有必要放在心上，只要我们能够摒除心中的杂念，客观、辩证地去看待这个世界，我们就会觉得轻松许多。

小和尚随师父下山去化斋，临出庙门时，天空中阴云漫卷，不时传来阵阵雷声。小和尚有些犹豫，对师父说道："不如我们等雨停以后再下山吧。"

师父拿起一把雨伞，率先跨出庙门，边走边说："出家人岂会畏惧风雨？"

小和尚闻言，只得紧随师父身后，走不多时，风雨便席卷而来，且越下越大。师徒二人合撑一把伞，在风雨中搀扶着艰难前行。

走着走着，小和尚突然立住不动，双眼直勾勾地看着前方，师父顺势望去，只见不远处站着一位年轻女子。如此恶劣的天气，竟有一位美貌少女出现在荒野之中，也难怪小和尚露出惊诧之色。

此时，少女正望着面前的泥潭，双眉紧锁，面露难色。原来，她今日穿了一件崭新的丝绸裙装，跨过泥潭，则衣裙必然被污泥所染；不跨，却又无他路可走。见到此景，老和尚跨前几步，说道："姑娘，我来帮你吧。”说着他便将少女背了过去。

看到师父的举动，小和尚惊呆了，这件事一直纠结在他的心中，令其闷闷不乐。直至回到寺院一个月以后，小和尚终于忍耐不住，开口问师父：“我们出家之人戒淫邪，您怎么可以背那位女子呢？”

“哪位女子？”师父稍稍一愣，“你说的是化缘路上遇到的那个吗？我早已经把她放下了，可你却一直背着她，太累了、太累了……”

出家之人戒淫邪，但助人于困境之中，又岂能称之为“淫邪”？其实只要守正心灵，内无杂欲，这是很容易参透的道理。这种情况恰如男医生在为女病人做手术，难道我们能指责医生满腹淫虫吗？看来，小和尚的修行真的还不到家。

每个人心中都有一个放不下的“女人”，她或者是疑惑，或者是杂念，或者是烦恼，或者是欲望……简直压得人无法喘息。事事都计较，事事都放在心上，人生岂不是很辛苦？那么，为何不将心中的“女人”放下来呢？

不太在意，就不会太失意

人生最忌讳的就是太在意。在意到为其舍生忘死，一命归西，最终还是免不了一场失意的结局……

太在意只会让你更失意，人生的舞台上，谁没有得与失？或多或少，总有失意的时候。若是执着于此，便难得快乐。

人生需要一些不在意。不在意，任何失意都将随风而去。人生百年，逝者如斯，何不让那些烦恼和忧愁，随着天上白云渐渐飘远，最后消失在漫无边际的天空之中？

乡村有一对清贫的老夫妇，有一天他们想把家中唯一值点钱的马拉到市场上去换点更有用的东西。老头牵着马去赶集了，他先与人换得一头母牛，又用母牛去换了一只羊，再用羊换来一只肥鹅，又把鹅换了母鸡，最后用母鸡换了别人的一口袋烂苹果。

在每次交换中，他都想给老伴一个惊喜。

当他扛着大袋子来到一家小酒店歇息时，遇上两个英国人。闲聊中他谈了自己赶集的经过，两个英国人听后哈哈大笑，说他回去准得挨老婆子一顿揍。老头子坚称绝对不会，英国人就用一袋金币打赌，二人于是一起回到老头子家中。

老太婆见老头子回来了，非常高兴，她兴奋地听着老头子讲赶集的经过。每听老头子讲到用一种东西换了另一种东西时，她都充满了对老头的钦佩。

她嘴里不时地说着："哦，我们有牛奶了！"

"羊奶也同样好喝。"

"哦，鹅毛多漂亮！"

"哦，我们有鸡蛋吃了！"

最后听到老头子背回一袋已经开始腐烂的苹果时，她同样不愠不恼，大声说："我们今晚就可以吃到苹果馅饼了！"

结果，英国人输掉了一袋金币。

不要为失去的一匹马而惋惜或埋怨生活，既然有一袋烂苹果，就做一些苹果馅饼好了，这样生活才能妙趣横生、和美幸福，而且，你才可能获得意外的收获。

当你烦恼时，请告诉自己："不必太在意！"当你失恋的时候，不必太在意。因为没有缘分，所以分手。既然月老还没有把你的姻缘定下来，你又何必太在意呢?

当你工作不顺利时，不必太在意。想一想，你苦恼也好，难过也罢，即使吃不下睡不着，工作也还是要做。所以，最好的办法，就是不去在意它，以一颗平常心去面对现实，去想更好的办法，解决它。

其实，人生就像走路一样，有曲折，有坎坷，有通衢，有美景。面对顺境不要沾沾自喜，面对逆境也不必怨天尤人，只要牢记凡事"不必太在意"，只要热爱生活，以平和的心境去面对人生，面对这大千世界，就会拥有精彩的人生。

只要想得开，哪会不快乐

人生所有的得意与失意，所有的喝彩与倒彩，到头终究是过眼云烟，浮华如斯，心却要尘埃落定，能看得开就是智慧，看不开就要受罪。

对事别奢求样样如意，这个决定权不完全在你。不管成、败、荣、辱，曾经就是曾经，回忆就是回忆，偶尔怀念可以，但别沉溺在以往的故事和事故里，独自萎靡。

如果太累了，就安慰安慰自己；没人心疼你，你更要好好爱自己。烦了，就找点乐子去，别丢了心态；太忙，就忙里偷偷闲，别丢了健康。永远不要为失去的和得不到的感到遗憾，永远不要为生命中的残缺而啜泣，你没有摘到的，只是春天的一朵花，整个春天还是你的。

有一个小女孩，她总是守候在窗子边，她喜欢看世界，却很少出来接触世界。她从小得了小儿麻痹，被父母抛弃，是一个好心的婆婆将她收养，带她住在这里。

一个周末，有个小男孩在屋外的草地上踢皮球，皮球滚着滚着就不见了。男孩四下寻找，却一无所获，正当他气急败坏地准备离开时，听见一个甜甜而又腼腆的声音说道："皮球就在你后面的那个洞里。"小男孩抬头看去，看到一个长相秀丽的女孩将头探出窗外，扑闪着一双长睫毛的大眼睛给他指皮球的位置。

男孩找到皮球，心里非常感激，便邀请女孩下来一起玩。女孩摇了摇头，躲回了屋子里。男孩又玩了好一阵子，再抬起头来，却看见那个女孩正入神地看着自己玩耍，但是，她的眼里分明有泪花。好奇心让男孩拿起皮球，来到了小女孩的窗前。

男孩再次邀请女孩一起玩，女孩早已擦干了眼泪，冲男孩露出了表示感谢的微笑，她指了指自己的腿，摆了摆手。男孩的心立刻难过起来，问她："心里不好过是吗？"女孩摇摇头，随即又点点头，说："偶尔会难过，但就一会儿。"女孩对男孩说，"虽然我大多数时候都只能在屋子里，很渴望多见见阳光，但我知道阳光太阳每天都会升起，它每天都绕着我的屋子整整转上一圈，我能感受到它的温暖。"

有时候，快乐很简单，仅仅看上一眼太阳就会让人觉得生活给予了我们很多，生命是那样充实。

如果你感觉自己活得很苦很累，不妨想想这个小姑娘。其实，你生活的悲痛，并不来自生活的刻薄，而是你太容易被外界的氛围所感染，被他人的情绪或言语所左右。你疲惫地走着，又总是在意路边荆棘，担心山雨欲来，总是担心别人不懂你，前路无知己……天气的变化，人情的冷暖，不同的风景都会影响你的心情。而现实是，这些都是你无法左右的。所以，看淡一些。看淡了，天无非阴晴，人不过聚散，何须刻意逢迎？亦不必拒人千里，自然而然便是自在。就算还有许多的对面风沙，也记得笑看悲辛，抒怀辽阔，做自己该做的事，享自己该享的福，我心不惊不怖，自然自在安详。

明天自有明天的安排

一个人难免会产生种种的猜疑和忧虑，可是事实上猜疑和顾虑并不能解决任何问题。不要去烦恼那些遥远而模糊的事，做好自己身边的事才是最佳的选择。

自称自己总是在“此刻”活得生气蓬勃的奥斯拉博士，在耶鲁大学发表演讲时，这样启发那些忧虑的学子们：

我相信各位都是比那些豪华客轮优秀得多的机体，你们将有更遥远的航程，起锚前，你们应好好注意下列如何安全航行的方法。希望各位能调节自己，以便能够在“今天一天”这一个密闭的空间里生活下去。登上船，应检查一下大防水壁是否随时可以使用。在人生的每个阶段里只要按下一个钮，便能隔断“过去”——已经死亡的昨日。按下一个钮，就能隔断“未来”——尚未诞生的明日——许多事情都是这样，只有今天是安全的！把过去推出去，关紧房门。每一天都在你“完全封闭的今日空间”里度过你的人生。

那么，奥斯拉博士的话到底是什么意思？他是告诉我们没有必要为明天做些准备吗？当然不是，他的意思是说，为明天准备的最佳手段是在今天投放你所有的力量及热情。

奥斯拉博士以一句基督徒常用的祈祷词来勉励耶鲁大学的学生：“请赐给我们‘今日’所必需的衣食。”需要注意的是，这个祈祷只祈求“今日”的食物，并未抱怨昨天的面包，更没有祈求说：“天哪，生产粮食的地区遭灾了，这么一来，‘明年’秋天要怎么做面包呢？上帝啊！我明天能否吃上面包呢？”

更明确地说，这个祈求“今日”的祷告是教我们只求今天的面包，今天的面包才是唯一我们能吃的面包。

所以，不要烦恼明天的事，明天自有明天的安排，只要把全部精力集中在今天就行了。

这样一件简单理性的事，许多人做不到，他们说：“我们不能不打算明天的事。为了保护自己的家人而不得不办保险，也不能不为年老而存钱，不得不为出人头地而努力，不得不为将来的生计有所准备。”我们是应该为明天而精心计划，但是绝不应该浪费时间去做无谓的担忧。

牛奶洒了，就洒了呗

当你为错过星星而伤神时，你也将错过月亮。

无论你快乐或者痛苦，生活是不会因此而放慢脚步的。人生是一个过程，而不是一种结果，所以人的一生就是把无数明天变为今天，再把今天变为昨天的过程。就算我们错过了昨天，还有好多可以把握的今天。

不要再为打翻的牛奶而哭泣，不要再为过往的错误过度懊悔，因为牛奶既然打翻就不可能拾起来再喝，可我们的生活还得继续。

艾伦经常会为很多事情发愁，他常常为自己犯过的错误自怨自艾：交完考试卷以后，常常会半夜里睡不着，咬着自己的指甲，怕自己没办法考及格；他老是在想着做过的那些事情，希望当初没有这样做；老是在想自己说过的那些话，希望自己当时把那些话说得更好。

有一天早上，艾伦和全班的同学都到了科学实验室。老师保罗·布兰德威尔博士把一瓶牛奶放在桌子边上。学生们都坐了下来，望着那瓶牛奶，不知道那跟这节生理卫生课有什么关系。然后，保罗·布兰德威尔博士突然站了起来，一掌把那瓶牛奶打碎在水槽里，一面大声叫道："不要为打翻的牛奶而哭泣。"

突然老师叫所有的人都到水槽边去，好好地看看那瓶打碎的牛奶。

“好好地看一看，”老师说，“因为我要你们这一辈子都记住这一课，这瓶牛奶已经没有了——你们可以看到它都漏光了，无论你怎么着急，怎么抱怨，都没有办法再救回一滴。只要先用一点思想，先加以预防，那瓶牛奶就可以保住。可是现在已经太迟了——我们现在所能做到的，只是把它忘掉。丢开这件事情，只注意下一件事。”

这次小小的表演，在艾伦忘了他所学到的几何和拉丁文以后很久都还让他记得。事实上，这件事在实际生活中所教给他的，比他在高中读了那么多年书所学到的任何东西都好。它说明了一个道理，只要可能的话，就不要打翻牛奶，万一牛奶打翻、整个漏光的时候，就要彻底把这件事情忘掉。

失去的就已经永远地离开了，即便你悲伤也好，忧郁也好，它也不会再回来了，与其花时间和精力沉浸在往日的失去中，莫不如走出忧郁，高高兴兴地去面对未来，迎接每一个崭新的日子，因为有未来就有希望，错过了昨天，你还会收获今天和明天。

他是他，你是你，不羡慕

这世上总有人比你拥有得更多，所以在这场较量中，你不可能“赢”。与他人比，你永远只能一时高兴。

有一位作家，他的寓所附近有一个卖油面的小摊子。一次，作家带孩子散步路过，看到生意极好，所有的椅子都坐满了人。父子二人饶有兴趣地看了起来。

只见卖面的小贩把油面放进烫面用的竹捞子里，一把塞一个，仅在刹那之间就塞了十几把，然后他把叠成长串的竹捞子放进锅里烫。

接着他又以迅雷不及掩耳的速度，将十几个碗一字排开，放作料，随后捞面加汤。做好十几碗面前后没有用到 5 分钟，而且还边煮边与顾客聊着天。

作家和孩子都看呆了。

在他们从面摊离开的时候，孩子突然抬起头来说："爸爸，我猜如果你和卖面的比赛卖面，你一定输！"

对于孩子的话，作家莞尔一笑，并且立即坦然承认，自己一定输给卖面的人。作家说："不只会输，而且会输得很惨，我在这世界上是会输给很多人的。"

他们在豆浆店里看伙计揉面做油条，看油条在锅中变大而充满神奇的美感，作家就对孩子说："爸爸比不上炸油条的人。"

他们在饺子馆，看见一个伙计包饺子如同变魔术一样，动作轻快，双手一捏，个个饺子大小如意，晶莹剔透，作家又对孩子说："爸爸比不上包饺子的人。"

生活的道理应该是这样：我们没必要为了面子让自己活得太累，在人前处处逞强，仿佛自己什么都能做到似的。每个人都有缺陷，要敢于承认己不如人，也要敢于对自己不会做的事情说"不"，这样我们自然能够获得一份适意的人生。

你的幸福也许就是一碗白开水，你每天都在喝，何必羡慕别人喝的带有各种颜色的饮料？其实未必有你的白开水解渴。

所以说，别活得太累，幸福的标准因人而因，你完全没有必要羡慕别人，只要你知道自己的方向，你努力朝着这个方向去做，就能体现你的价值，并收获你的幸福，而这个价值和幸福，也都是别人所无法达到的。

不被世界干扰，也不干扰世界

以我观物，万物皆着我之色彩。快乐的源泉是自己，而非他人！你想要快乐，就能制造快乐；你放弃快乐，就只能继续痛苦。以积极的心态去想象你的家人、你的朋友、你的工作，包括你自己，以感恩的心去感受生活，这样是不是快乐会多一点，痛苦会少一点呢？

“二战”时期，在纳粹集中营里，有一个叫玛莎的小女孩写过一首诗：

“这些天我一定要节省，我没有钱可节省，我一定要节省健康和力量，足够支持我很长时间。我一定要节省我的神经、我的思想、我的心灵、我精神的火。我一定要节省流下的泪水，我需要它们很长时间。我一定要节省忍耐，在这些风雪肆虐的日子，情感的温暖和一颗善良的心，这些东西我都缺少。这些我一定要节省。这一切是上帝的礼物，我希望保存。我将多么悲伤，倘若我很快就失去了它们。”

在生命都遭受到威胁的时刻，这个叫玛莎的小女孩仍然通过积极的暗示给灵魂取暖。她不怨天尤人，而是将希望之光一点点聚敛在心里，或许生命中有限的时间少了，但心中的光却多了。那些看似微弱的火光，足以照亮她所处的阴暗角落。

纵然生命都不能掌握，但快乐依然可以由我们自己来主宰，这就是积极心态的力量。

如果你处在寒冷的冬季，那么就去想象春天的生机，因为冬天来了，春天还会远吗？

如果你遭逢风雨，就去想象射穿乌云的太阳，因为它会带来彩虹的绚丽。

就算人生遇到了巨变，只要你去做快乐的想象，你就可以把苦涩的泪水留给昨日，用幸福的微笑迎接未来。

其实，快乐并不在远方，它就在你身旁，你可以自主选择快乐，而快乐也很愿意自动留下来。

我认识一位冥想老师，他练习瑜伽冥想多年。

我那天问他："你每天笑得跟个天真的孩子似的，你的快乐是发自内心的，还是装给那些学生看的？如果是真的话，你是怎么做到的呢？"

他的回答是："我的快乐绝对是真实的。到了我们这个年纪，该经历的苦与乐都经历得差不多了。我的快乐源于一种感悟，总结起来就三个字——'不干涉'。不让别人干涉你的情绪，你也别干涉自己的情绪。我给你解释一下：我们只要活着就会遇到一些人，有好人也有坏人；就会产生一些情绪，正面的、负面的都有，快乐或者不快乐。我们不要太受其影响，不要让这些干涉你，你也不要去干涉这些情绪。人的本性是真善美，当你让那些好的、不好的情绪自己离开时，你就会发现，留下来的都是那些好的感觉，人就会积极，快乐。

排除世界的干扰，也不去干扰这个世界，让那些正能量、负能量自然而然地离开，我们就会开始接受我们自己，领略内心的满足和快乐。我们也就握住了快乐的钥匙。

习惯性地让自己幸福

幸福犹如庭前落花、天外云舒，只需你有一份宠辱不惊的心魄、一份淡然如诗的心境。幸福从来不是寄托在他人身上的渴求，而是一种潜藏在血脉里的习惯，你可以清晰地感受到它在流淌、漫溢、延伸。

将幸福当成一种习惯，这样顺其自然地过日子，生活就会呈现出一连串的欢宴。

在一列老式火车的卧铺车厢中，有 5 位男士正挤在洗手间里刮胡子。经过了一夜的折腾，隔日清晨通常会有不少人在这个狭窄的地方做一番洗漱。此时的人们多半神情漠然，彼此间也不会交谈。

就在此时，突然有一个面带微笑的男人走了进来，他愉快地向大家道早安，但是却没有人理会他。之后，当他准备开始刮胡子时，竟然自顾地哼起歌来，神情显得十分愉快。他的这番举止令人们感到极为不悦。于是有人冷冷地、带着讽刺的口吻对这个男人说道："喂！你好像很得意的样子，怎么回事呢？"

“是的，你说得没错。”男人如此回答着，“正如你所说的那样，我是很得意，我真的觉得很愉快。”然后，他又说道，“我是把使自己觉得幸福这件事，当成一种习惯罢了。

后来，在洗手间内的所有人都已经把“我是把使自己觉得幸福这件事，当成一种习惯罢了”这句深富意义的话牢牢地记在了心中……

我们感受不到生活的幸福，多半是由于心中那些习惯性的不幸所致。心存不幸想法的人，会使事情真的变得很糟糕。而每一天的开始即心存美好期盼，会使幸福在你身边围绕。因此，如果来个思维转换，把幸福当成一种习惯，习惯于寻找和展现生活中光明的一面，快乐的一面，那么你一定是一个健康的人，一个幸福的人。

有没有钱，一样过年

其实贫穷未必是苦，富贵未必是乐；是苦是乐，取决于心。有这样一件事，看过之后可能会让大家对这句话了解得更加深透。

有位朋友在美国工作多年，这一年春节回家探亲，亲戚邻里问起他在美国的生活，听完他的回答，个个都投以羡慕的目光。谁知这位朋友突然冒出一句：“美国人的生活不如中国人！”众人大感不解道：“这话是怎么说的？我们论居住环境、论出行工具等，有哪一样能跟美国人比呢？”

这时，朋友说道："恕我唐突地问大家一句，你们之中有谁是举债过日子的？"众人摇头，一个都没有。只听这位朋友继续说道："不错，美国人在物质生活方面，的确比国人要好，他们住房宽敞、明亮，家家都有花园，出门有汽车代步，这是国人目前不能比的。但他们的一切几乎都是赊来的，他们买房、买车都是向银行贷款。他们每天拼命工作，就是为了还债，可很多人直到死也无法还清，一生就生活在压力之下。反观国人，我们虽然辛苦一点，但不欠债，工作之余三杯两盏淡酒，何等自在，美国人眼红都来不及呢！"

或许我们之中有很多人都和那位朋友的邻居一样，认为美国人的生活要比中国人好很多。诚然，美国人的物质生活条件确实要高出国人不少，但他们大多"债台高筑"，这是不争的事实。或许在美国人看来，每日辛勤劳作，但一直在享受，这便是幸福。

受传统文化影响，国人大多不愿"举债度日"，几乎家家户户都有一本存折，存款多少暂不去说，但有了这本折子，中国人的心里就会觉得踏实，觉得幸福，我们或许没有美国人那样懂得享受，但至少我们心里感到安宁。

那么，究竟中国人与美国人谁更富有呢？透过这件事，相信每个人心中都会有一个属于自己的答案。事实上，这要看你的心如何去取舍，我们不能说美国人过得不好，也不能说国人就穷，这要看我们更倾向于哪种生活，哪种生活会让我们觉得快乐、觉得安宁，我们就怎么过。也就是说，我们生活得幸福与否，绝对与贫富无关，其实很多时候，我们并不知道自己真正想要的是什么。有时候，财富来得太容易、也太快，令我们准备不足，于是我们背负着沉重的财富上路，去寻找心中所谓的幸福，可是幸福总是显得遥不可及。很多有钱人其实也很烦恼，因为对于他们而言，财富以及消费有时只是一种方便，而非幸福。站在这个角度上说，不管我们是穷是富，谁也不必羡慕谁、鄙视谁，因为你有的或许他没有，但是他有的你同样也未必有，人与人的追求不同，我们不要拿自己心中的秤去称别人，这样只会让我们过重或过轻地掂量自己。

记得有段时间媒体上出现这样一则标语——“谁富裕谁光荣，谁贫穷谁无能”。标语很醒目，真切地反映了人们渴望富裕，追求富裕的迫切心情。然而它的表述却令人觉得别扭，甚至有些不堪入耳。难道说，富裕了就可以瞧不起那些贫困的人，那些贫困的人就应该自卑下去吗？

其实富者无非在某些时候或某些方面抓住了机遇，成了富人，然而为富不仁、弃贫爱富就是贫困的另一种表现，而这种表现会让整个社会厌恶。以贫富论英雄，是一种狭义的贫富观。中国著名的数学家陈景润算是穷到家了，但是谁又能鄙视陈景润呢？还有历代以来的那些清官、廉官，谁又能说他们无能呢？

那些贫穷一点的朋友更应该看清自己的位置，不要盲目自卑，更不要因为贫穷而丢掉某些富人们所不拥有的“富裕”。作为不富裕的人，一定要成功地理解穷，思考为何会穷？千万不要轻信富人的杜撰，成功者奋斗的历史，道理很简单：别人的衣裳不一定适合自己穿。当我们发现，努力了、奋斗了，依然不富时，那穷就不是我们的错了。

因此说，不管是富人还是穷人，都不要因为自己身处的位置而骄傲或者自卑、鄙视或者羡慕，正如一句广告词说的“每个人都有自己的舞台”，只要自己正视这一点，我们都将是富有的人。

知足是福，难得知足

我们常把知足常乐挂在嘴边，可是要真的达到这种境界还真不容易！大千世界、芸芸众生，我们之中又有几人能够悟透？在这复杂的社会中，焦虑的我们往往很难按捺住那颗浮躁的心，于是我们不断地去争、去取、去掠、去夺，然而，成功和满足却依旧离我们那样遥远。即便真的很困、很累、很疲倦，但我们却从不肯让自己歇息片刻，而这一切只是为了“知足”。殊不知，凡事没有最好，只有更好，我们若是得陇望蜀，那么就永远也无法获得满足。

相信大家也知道这样不好，但或许我们真的是想不开，不知道怎样让自己释怀，其实很简单——让自己的心淡然一些，就像古希腊那位大哲学家苏格拉底那样。

苏格拉底还是单身时，曾和几个朋友挤在一间只有七八平方米的房子里，但他却总是乐呵呵的。有人问他：“和那么多人挤在一起，连转个身都困难，有什么可高兴的？”

苏格拉底回答：“朋友们在一起，随时都可以交流思想，交流感情，难道不是值得高兴的事情吗？”

过了一段时间，朋友们都成了家，先后搬了出去。屋子里只剩下苏格拉底一个人，但他仍然很快乐。那人又问："现在的你，一个人孤孤单单，还有什么好高兴的？"

苏格拉底又说："我有很多书啊，一本书就是一位老师，和这么多老师在一起，我时时刻刻都可以向他们请教，这怎么不令人高兴呢？"

几年以后，苏格拉底也成了家，搬进了七层高的大楼里，但他的家在最底层，底层的境况非常差，既不安静，也不安全，还不卫生。那人见苏格拉底还是一副其乐融融的样子，便问："你住这样的房子还快乐吗？"

苏格拉底说："你不知道一楼有多好啊！比如，进门就是家，搬东西方便，朋友来玩也方便，还可以在空地上养花种草，底层有很多乐趣呀，只可意会，无法言传。"

又过了一年，苏格拉底把底层的房子让给了一位朋友，因为这位朋友家里有一位偏瘫的老人，上下楼不方便，而他则搬到了楼房的最高层。苏格拉底每天依然快快乐乐。那人又问他："先生，住七楼又有哪些好处呢？"

苏格拉底说："好处多着呢！比如说吧，每天上下几次，这是很好的锻炼，有利于身体健康。光线好，看书写字不伤眼睛。没有人在头顶干扰，白天黑夜都非常安静。"

你看，若是我们都能像苏格拉底这样想，那世间还有什么事能烦到我们？其实，知足无非是在一念之间，当我们得到了生命中的正常所需，我们感到满足，那么快乐就会随之而来；相反，倘若我们所求过多，永远不肯停止索求的脚步，那么我们将很难感受到快乐。一个快乐的人未必要多富有、多有权势，快乐的理由很简单——懂得知足。知足会让我们的生活变得更加简约，会为我们卸去那些不必要的负担，开阔我们的视野、放松我们的身心，使我们活出真正的自己、享受真实的自己，从而过上轻松写意的生活。

然而，今时今日，消费文化助长了不满，使我们对物质的渴望日益增强，知足似乎已经成为相当困难的事情。要想达成这种心态，毫无疑问需要一个属于自己的过程去历练，而每个人的人生轨迹又不尽相同，所以说如何获得知足的心态，并没有什么放之四海而皆准的方法。但大体上说，仍有几个关键要素可助我们走向生命中的知足：

首先，心怀感恩。一个懂得感恩的人，才会看重生命中所拥有的东西，而不是所缺少的。那么闲暇之余我们不妨静心想想：生命中已经拥有了什么？它是不是该值得我们去感恩？请回答“是”。

其次，控制心态。不要总是想着“如果我得到……该有多好”，试着去控制我们的生活。切记：幸福并不取决于物质，而是在于你以怎样的心态去生活。

再次，停止比较。不断地拿自己与他人做比较，这样只会使我们陷入深深的不满，因为这个世界上总有人在某一方面比我们好。其实，每个人的人生都有好的一面，而别人的生活也从不像你想象得那般美好。所以请大家记住：我们的生活其实一直也是不错的。

其实，布衣茶饭，也可乐终身。人生在世，贵在懂得知足常乐，我们要持有一颗豁达、开朗、平淡的心，在缤纷多变、物欲横流的生活中，拒绝各种诱惑，让心境变得恬适，生活自然也就愉悦了。

生活需要一点无所谓

1980 年，美国《新难民法案》通过。纽约水牛城收容所里的 512 名难民因此成了美国合法公民。

25 年后，法学博士霍华德 · 休斯对 512 人进行了细致的调查。他发现，这群人经过自己的努力，将近一半的人成了美国的中产阶级。但是他们普遍感到并不幸福，有的人从来没有感到过快乐。调查中，一位在迈阿密的水产商由开始的一间店铺发展到了连锁店。为了与对手竞争，20 多年来，他没有休息过一天，更没有一次外出度假。

在长达 730 页的调查报告中，霍华德历数每个人的生活状态。报告提交到美国国会，并迅速移交到美国移民部。512 名原水牛城的难民都收到了一本小册子，封面上写着：一个穷人成为富人之后，如果不及时修正贫穷时所养成的贪婪，就别指望跨入幸福的境界。

有些人总是认为必须有钱才能享受生活，事实上享受生活只和你的心态有关，和你的金钱并没有太大的关系。

海边小镇有这样一家人，女人长得毫无姿色可言，甚至可以称之为丑，但脸上却始终挂着开心的笑。清晨，天还没亮，她就抱着孩子和男人出去接菜、卖菜，黄昏时，她坐在男人推着的木推车上。

她的怀里不是搂着她的儿子，就是破箱子、水桶、饼干盒……那男人龇牙咧嘴地推着车子，黄褐色的头发湿淋淋地贴在尖尖的头颅上，打着赤膊，夕阳下的皮肤红得发亮，半长不短的裤子松垮垮地吊在屁股上。胖女人常常优哉游哉地吃着雪糕。在她那铁棍似又黑又亮又结实的手臂里的小男孩，时不时把母亲的雪糕抓过去咬一口，母子俩在木推车上争着吃。女人脸上尽是笑，笑得眼睛更小、鼻更塌、嘴巴更大。

有时她的脸可能搽了粉，黑不黑，白不白，有点灰有点青，粗硬的卷发让风吹得在头顶纠成一团，而后面那瘦男人就看得那么开心，天天推着木推车，车上的胖女人天天坐在那儿又吃又喝。有一次不知怎的，木推车不听话地直往桥脚下一棵树冲去，男人直着脖子拼命拉，木推车还是向树上撞去，女人手中的雪糕撒了她跟小男孩一头一脸。男人望着车上的母子俩大笑不止，女人一边抹去脸上的雪糕，一边咒骂，一边跟着笑，笑得夕阳红了脸，笑得路人弯了腰。

唉，管什么男的讲风度，女的讲气质，什么人生的理想，生活的目标，什么经济不景气，一家三口，每天快快乐乐地出去卖菜，每天快快乐乐地捡点破烂，然后跟着夕阳回家，这就是他们的快乐生活。

丑成那样，穷成那样，又有什么关系呢？人生无须所求太多，口袋里的票子够花就行。家里的房子温馨就行，追求太高，欲望太高，往往就像打肿脸充胖子，表面看着风光无限，却丢了快乐幸福和自由。

辑五　乐善

摆脱坚硬的壁垒，修得一颗柔软心

在这个社会上生存，有的时候不得不防御，有的时候也要为自己筑造壁垒。但是，无论什么时候，都要做一个善良温暖的人，虽然善良不一定会受到尊重，但你要一直保持心灵上的高贵，保持对这个社会的宽容和理解。

圣人与鬼，一念之间

善良是人性光辉中最美丽、最暖人的一缕。没有善良、没有一个人给予另一个人的真正发自肺腑的温暖与关爱，就不可能有精神上的富有。我们居住的星球，犹如一条漂泊于惊涛骇浪中的航船，团结对于全人类的生存是至关重要的，我们为了人类未来的航船不至于在惊涛骇浪中颠覆，使我们成为“地球之舟”合格的船员，我们应该成为勇敢的人、坚定的人，更要有一颗善良的心。

有这样一则故事：

有个水鬼，到了该找替身的日子，但他看到遭遇悲苦、心灰意冷，到河边来寻短见的人，不但不设法迷惑人家，反倒心里不忍，爬上岸去帮助他，劝他不要做糊涂事。这样，他一次又一次失去了找替身的好机会，一拖就是一百年，他还是个受苦的水鬼。管理阴阳转换的天神气得把他叫来大骂：“像你心肠这么软，怎么配做水鬼！”话刚说完，那水鬼就变成了神。

慈悲的心肠一定能为别人和自己带来幸运，“善有善报”是千古不变的道理。想一想，在过去的三个月中，你曾为别人做了哪些善事？

还有一则《长者与蝎子》的故事，相信你看完后一定会感动。

一位长者看见一只即将被淹死的蝎子，当他用手去救蝎子的时候，蝎子却狠狠地蜇了他一下。他疼痛难忍，不得不收回被蜇的手。看着还在水里挣扎的蝎子，他再次伸手相救，却又一次被蜇。有人对他说："您太固执了，难道您不知道每次去救它都会被蜇吗？"他回答说："蜇人是蝎子的天性，但这改变不了我乐于助人的人的本性呀。"最后长者找到一片叶子将蝎子从水中捞了上来，救了蝎子一命。

一个人可以在一念之间变成上帝也可以变成魔鬼，那是因为人性中本就存在光明与黑暗的两面。当妄念太过执着时，人便舍弃了光明的那一面，而走向黑暗。其结果也必将是黑暗的。人生如过眼云烟，最终必是一切成空。为恶一生所得的所有益处都无法带走。只有以无所求之心培养善心善行，方能得到"极乐"的赠予。

善良的情感及其修养是一道精神的核心，必须细心培养，要把善良的根植入每个人的心中。每个想成功的人，必须使自己有一颗善良的心，以全身心的爱来迎接每一天。这样，也一定会得到社会的回报。

请你温暖，无论世界有多冷漠

"人情冷漠"这个词由来已久，否则我们不会看到"各人自扫门前雪，莫管他人瓦上霜""事不关己，高高挂起""多一事不如少一事"等一系列词汇的传播。只是近些年来，这种思想在逐渐被扩大化，尤其是“小悦悦事件”，更是让国人的冷漠在世界范围内声名远播。从茹毛饮血的猿人在洞穴里互相依偎抵御严寒，到如今的老人摔倒无人扶、货车侧翻遭哄抢、城市邻里的老死不相往来，似乎每个人都成了孤家寡人，人情的淡漠让人感到可怕，感到孤独。

有位朋友，因为感觉单位的人文氛围不好，同事间缺少关心与合作，弥漫着虚伪与冷漠，屡屡想要辞职，但都被保守的父母压了下来。

那天，这位朋友出差，他的两个妹妹被邀到宿舍楼来看家。夜里11点多，两个女孩被一阵剧烈的敲门声惊醒。姐姐惊骇地披衣下床，大声问：“谁？”

没有人回答，敲门声却未停。巨大的声响在寂静的冬夜里显得既粗暴又放肆。

妹妹也下了床，在姐姐身后慌慌地张望。姐姐壮胆又喊了一句：“不说话我要叫人了！”

敲门声骤然停顿了一下，接着便更加疯狂地响了起来。极度的恐惧让她们不敢通过猫眼去看看是什么“东西”在作怪。房内还没装电话，与外界联系的唯一方法只能靠她们的声音了。两姐妹冲到阳台上，用发抖的声音大喊：“来人呀，有贼撬门，救命呀……”

传达室里出来几个人。然而，他们只是朝五楼的她们看了一眼，便回传达室继续玩牌去了。她们清楚地看到哥哥的同事中仍有未熄灯者，但她们的呼救声就像军营熄灯号一样，令周围顿时陷入一片漆黑。罪恶的打门声掺和着两个女孩的绝望求救声，整整持续了半个钟头。没有听到任何回应，夜显得如此狰狞。

当一切都沉寂下来，两姐妹颤抖着抱成一团，彼此只听到对方剧烈的心跳。她们穿戴整齐地坐在床上，床头放着两把从厨房里找到的发着寒光的菜刀。

第二天，这位朋友匆匆飞了回来，愤怒的他终于查出事情的真相：住在楼下的一个同事喝醉了酒，认错了房间，以为妻子不给他开门……一个月后，他辞了这份收入颇丰的“铁饭碗”，理由只有一个：他不能让自己处在一个漠视生命的群体中。

这回，保守的父母没有再拦他……

当下，我们的社会上一直在提倡营造“和谐”。可是，怎么“和谐”？“和谐”靠什么来营造？答案很简单，要靠“人和”。也就是说，在社会中生活的每一个人，都要与人为善，以善良的一面去对待别人，才能提升整体的社会氛围，从而达到“老吾老以及人之老，幼吾幼以及人之幼”的社会境界。换而言之，如果有人倒地而没有人去搀扶，那么这个社会不会真正和谐；如果公交车上为争一个座位而大打出手，那么这个社会远没有达到和谐；如果所有人的心里就只有自己，各自打扫门前雪，不管他人瓦上霜，那么人与人之间想“和谐”都难。

客观地说，就当前的人文关怀状态而言，我们去做好人、做善事，确实有些顾虑。毕竟，谁也不希望在救死扶伤之后，还要被当成肇事者，掏尽半生的积蓄；毕竟，谁也不希望在见义勇为以后，还要自己花钱给犯罪嫌疑人看病。这善事未免做得太窝囊，也太让人心寒。于是，出于自我保护的本能，我们变得漠然了，甚至是冷酷了，这不仅仅是我们，更是社会的一种悲哀。

这或许不是我们的错，但确实是我们让自己变得越发冷漠，我们让自己的人性中少了一些很重要的东西——关爱与信任。诚然，我们即使不做善事，但只要不为恶，也没有人会拿我们怎样，也没有人会认为我们就是坏人。但是，我们会不会觉得，自己的心中有一丝难过？尤其是当我们看到病痛中的老人蜷伏在地、看到可怜的孩子疼痛哭泣时，我们是不是真的可以无动于衷？相信，多数人的心都会隐隐作痛，因为我们的本性就是善良的！只不过，有些时候，我们被某些人为及非人为的因素所限制，变得有些懦弱，而要改变这种状态，需要的是整个社会的努力。

是的，这需要我们每一个人都去改变，将懦弱改为侠肝义胆，将冷漠改为古道热肠，如果社会中的每一个人都能如此，我们在做善事时就不会再有所顾虑。反之，倘若就这样冷漠下去，那么人与人之间最珍贵的情义将不复存在，整个社会将会沦落。毋庸置疑，我们都不想在这样的社会氛围中生活。

进一步说，推己及人，倘若我们希望别人对自己好一点，对我们的老人、孩子好一点，那么我们是不是应该率先做出个样子？事实上，我们一念之间种下一粒善因，便很有可能会收获意想不到的善果。咱们做人，真的没有必要太过计较，与人为善，又何尝不是与己为善？当我们为人点亮一盏灯时，是不是同时也照亮了自己？当我们送人玫瑰之时，手上是不是还缠绕着那缕芬芳？

其实，我们怎样对待别人，别人就会怎样对待我们；我们怎样对待生活，生活也会以同样的态度来反馈我们。譬如说，当我们在为别人解答难题时，是不是也让自己对这个问题有了更进一步的理解；当我们主动清理"城市牛皮癣"时，不仅整洁了市容，是不是也明亮了自己的视野……诸如此类，举不胜举。

你暖，别人也会暖

如果你想得到别人的爱，首先要对别人付出爱。这个世界上，温暖是相互的！

有位年轻人，因为一直和同事搞不好关系，内心非常苦恼。他问父亲：“为什么那些人对我总是一副冰冷的模样？”

父亲正在喝茶，听了他的诉苦，看似不经意地向窗外瞧去。昨天，刚刚下过一场大雪，窗台上尚遗留着未被吹落的积雪。父亲抓过一把雪，把它放入茶杯中，然后问他：“你说，我这杯茶会有什么变化？”

年轻人不假思索地说：“茶水会变冷。”

父母意味深长地说：“就像这把雪，你冷，别人也会冷。”

天寒地冻，年轻人回来时双手冻得通红。

父亲重新拿出一个杯子，倒上大半杯开水，递给年轻人，然后又问：“现在，你手上有什么感觉？”

年轻人毫不犹豫地回答：“手上暖和多了。”

父亲依然意味深长地说：“就像这杯热水，你暖，别人也会暖。”

年轻人想了片刻，茅塞顿开，忽然就笑了。

给人温暖，自己也会温暖，温暖是人创造出来的，或者自己或者别人。如果仅仅靠自己创造，那可能环境一时没有调整过来，遭受寒冷的打击；如果仅靠他人，那就会像婴儿一样连自己的体温都保持不了，遭受更加严酷的寒冷打击，恐惧未来，渴望而又痛恨周围的社会。

从内心深处发出的温暖才是真正的温暖，只有心灵的碰撞才会更加温暖。

婷婷在一家餐饮店做服务员。

这天凌晨，两位清雪工人走进餐厅，点了两份馄饨，四根油条。昨天夜里下了一场大雪，为了保持道路畅通，降低出行风险，他们很早就出来工作了，现在，路面终于清理干净，他们筋疲力尽、瑟瑟发抖、饥饿难耐，于是结伴而来，想暖暖地吃些早餐，然后各自回家休息一下。

婷婷热情地接待了他们，看着他们一脸风霜、疲惫至极的模样，不仅想起了自己做环卫工作的父亲，触景生情，同时，也对他们的敬业精神非常敬佩，于是主动帮他们买了单。

在给他们的账单上，婷婷这样写道："您二位的早餐钱我出了。感谢您为大家的服务和付出。数九寒天，冷风刺骨，别人都在暖暖的房间里做着香甜的美梦，你们却不辞劳苦地顶风清雪。无论你们做什么工作，你们都是最高尚、最美丽的人。谢谢你们所做的一切。"

看到这张账单，两位清雪工人非常感动，他们把这张账单发到了网上，更多的人受到了感动。

后来，他们发现心地善良的婷婷生活也很艰难。她的母亲常年瘫痪在床，非常孤单。因为没钱买一辆智能电动爬楼轮椅，出行不便，所以婷婷和她父亲很少带她出门。

两位清雪工人商量了一下，决定帮助婷婷的母亲，让她可以随时出门散步，欣赏城市的故事和风景。于是，他们在网上发起了募捐，要为老人买一辆智能化的电动爬楼轮椅。本来，他们打算筹集1万5千元，这样就可以买一辆据说质量非常可靠的进口爬楼轮椅了。

但善良的民众给了他们更大的惊喜，最后，他们一共筹集了3万元，他们说，余下的钱给老人做医疗保健。

两位工人来到婷婷工作的餐饮店，将3万元交给了她。婷婷的母亲终于有了方便出行的轮椅车，想出门的时候，自己都可以出去，婷婷的母亲感动得哭了出来。

买车剩余的钱，婷婷母亲全部捐给了社会，她说："我已经有了这样一辆方便出行的轮椅车，已经很幸福了。这些钱应该给那些更需要的人。"

对此，婷婷更是感慨万千。她流着泪说："当初我帮他们付早餐钱，只是为了表达一点敬意。完全没想到，事情会变成这个样子。看见妈妈开心的笑容，我的心更加温暖。这世间的温暖，一直都是相互给予的。"

爱出者爱返，福往者福来。送人玫瑰，手有余香。这个世界从来不冷，相互给予的温暖，令人世间温暖如春。

每个人都自私，但不要太自私

美国当代著名心理学家斯腾伯格在谈到自私心理时，曾讲过这样一个故事：

勒布朗是位美国商人，他在纽约拥有一幢舒适的公寓，但每当夏季来临，他都要离开灰蒙蒙的都市前往乡下。他还有一套乡间小别墅，别墅里还放着一个装有猎枪、鱼竿、酒等物品的大壁橱。这壁橱他自己用，连他妻子都没有钥匙。勒布朗珍爱自己的东西，别人碰一下他都会发火。

现在已经是秋天了，勒布朗几分钟以后就要启程回到纽约。他看了看摆放红酒的壁橱，神情严肃。所有的酒都没有启封，只有一瓶除外。这瓶酒被放在最前面，里面的酒已不足半瓶，旁边还有一个红酒杯，看起来非常诱人。他刚拿起酒瓶，就听到妻子海伦在另一个房间说道：“我都收拾好了，亚历克什么时候才能回来？”亚历克住在附近，兼做他们的管家。

“他在湖里拖小船呢，半个小时以后就能回来！”

海伦提着手提箱走了进来，看到丈夫把两片药扔进半空的酒瓶中，药片很快便溶解了。

“你在干什么？”她问。

“咱们走后，去年冬天破门而入、偷去我红酒的人可能还会故伎重施，可他这次会后悔的。”

海伦心惊胆战地问：“你放的是什么药？会使人生病吗？”

“岂止是生病，还会要人的命呢！”他心满意足地答道，顺手将酒瓶放回原处，“嗯，小偷先生，你想喝多少就喝多少吧。”

海伦的脸一下子白了，她嚷着：“勒布朗，别这样，太可怕啦，这是谋杀呀！”

“如果我开枪打死一个私入民宅的小偷，法律会不会判我谋杀？”

她哀求道：“别这样，法律不会判入户盗窃者死刑的，你没有权力这样做！”

“当涉及我的私有财产时，我会运用我的私人法律。”他现在看起来就像一条害怕别人夺走他的骨头的大狼狗。

“他们不过是偷了点酒而已，可能是些小男孩干的，也没搞什么破坏。”她又说。

“那又有什么关系？一个人偷了5美元与100美元毫无区别，贼就是贼。”

她做最后的努力说：“咱们得明年夏天才能来，我会一直担惊受怕的，万一……”

他哈哈大笑：“我以往担着风险做生意，不是也赚了吗？咱们再冒一次险又能怎样？”

她明白再争下去也是徒劳，他在生意上也一直这样冷酷无情。于是，她借口向邻居告别，把这事告诉给了管家的妻子。

勒布朗正要锁壁橱，忽然想起晾在花园的猎靴忘了装进行李。他伸手够靴子时，脚下一滑，头重重撞在了桌角上，随即昏倒在地。

几分钟后，他感觉有双有力的臂膀在抱着他，他听出是亚历克的声音：“没事啦，先生，你伤得不重，喝点这个会使你感觉好些。”一个红酒酒杯送到了他嘴边，他迷迷糊糊地喝了下去……

斯腾伯格的用意很明显，他是在告诉人们：超越正常的自私心理是非常有害的，这个世界需要的不是自私与伤害，而是和睦相处、是相互关爱，对人对己，这都是有利的。

自私，这是一种近似于本能的欲望，是人性中的一种缺憾。客观地说，没有人不自私，生活在当前的商品经济社会，每个人都会有不同程度的私心杂念，这是人之常情。但是，就现在的情况来看，很多人的自私心理已经超过了人的一点私心杂念，就像案例中的勒布朗一样，损人利己，极端自私，刻薄成性，以自我为中心，目中无人，容不得他人，即便自己心知肚明，也会觉得心安理得，且常常会找种种借口加以掩盖，隐藏自己内心深处的自私本性。这种自私，就是一种病态的心理了。

天堂与地狱只有一线之隔

一位虔诚的牧师得到上帝允许，前去参观天堂与地狱。

天使先将他领入一个房间，对其说道：“这里就是地狱。”

牧师放眼看去，只见许多人正围着一口热气腾腾的大锅干坐，他们面黄肌瘦，口水直流，眼中直放绿光，却始终无法进食。原因就在于，他们每人手里虽有一只汤勺，但勺柄太长，根本无法将食物送进口中。

牧师长叹一声，又随天使来到天堂。

牧师惊奇地发现，天堂与地狱的陈设竟然一模一样，同样是一群人围着一口冒着蒸汽的大锅，每人手中同样握有一把勺柄极长的汤匙。所不同的是，这里人全部精神饱满，面色红润，有吃有喝，有说有笑，显得极为快乐。

牧师不解，问天使："为什么相同条件下，这里的人充满快乐，而那边的人却愁眉不展呢？"

天使微笑着说："难道你没有发现，那边的人都只顾着自己，宁愿饿死，也不肯相互合作，而这里的人都懂得喂对方吗？"

天堂与地狱只是一线之隔，心中有他人，你就会置身于天堂之中；放不下自私的情结，你就只能在地狱中沉沦。

人的一生，不可能完全封闭，他不能孤立于社会及他人之外，他需要有他人的关爱与帮助，同时他也应该为他人付出自己的爱。遇事还是要多替别人着想，替别人着想也就是为自己着想，我为人人，得到的回报自然是人人为我，不要像蜜蜂一样，刺痛了别人，也害死了自己。

在平时把他人装在心中，心中的灵光会帮助我们突破一切道德的障碍，迎接爱的光芒；道德的觉醒，可以帮助我们在麻木的社会中逆风而行，打开心灵的爱之门。不需要你有多伟大，哪怕只是赠人一枝玫瑰这样微不足道的小事，但它带来的温馨都会在赠花人和受赠人的心底慢慢升腾、弥漫、覆盖；它的香味，都会萦绕在赠予者与受赠者之间。

在我国西部某省曾发生过这样一件事：

一座煤矿在凌晨突然停电，9名矿工被迫停止作业，他们只能在漆黑的矿井中等待。然而他们等来的不是光明，而是比停电更可怕的泥石流！

泥石流轰隆隆地涌向他们，本能的求生欲望令他们拼命往主巷道跑，慌乱中，一名矿工不小心被矿车夹住，动弹不得，另一名矿工陷入泥坑。其余 7 名矿工停止了奔跑，不约而同地说："不能再跑了，救人要紧！"他们使劲儿将两名同伴拽了出来，躲过了死神的第一劫。

在主巷道 50 多米处，他们又开始了与死神的第二次较量。泥石流滚滚向前，随时都有淹没他们的可能。跑了一段时间以后，他们齐心协力用煤块、石块和矿车垒起一道厚厚的墙阻挡泥石流，然后再退到主巷道 110 米处，找到通风巷。

很显然，在这种极度恶劣的处境下，光有氧气是远远不够的，吃喝是他们面临的又一个重大问题，矿井中没有任何食物，他们一起商量着，同时想到了吃树皮。这样下去不知要等多久，但每个人都很疲劳，一起出动寻找树皮势必会浪费有限的精力。一个年长的矿工决定将大伙儿分成三组，按时间轮流到不远处扒柳木矿柱的树皮。光吃树皮没有水，一个年轻的矿工冒着危险在通风巷附近找到了一个可以供他们喝很长时间的水坑，这一喜讯极大地刺激了他们求生的信念。喝水时，他们并没有只顾及自己，扒树皮用的力气较大，年轻的矿工扒树皮给年长的吃，年长的用矿帽舀来水让年轻的喝。饥饿和黑暗像猛兽一样威胁着他们，他们的身体越来越虚弱。在黑暗中，有人困顿时，年长的就会给他们讲自己一生当中遭受的磨难，一名老矿工说："我一生当中经历了很多次比这更大的危险，现在我不是都挺过来了吗？人生的路还很长，眼前的危险算得了什么？再坚持坚持，肯定会有人来救我们的。只要有一线希望我们决不能放弃！"长者的鼓励使那些虚弱的矿工信心陡增，他们又开始了新一轮的抗争……

就在他们在黑暗中与死神较劲的同时，外边的营救人员也在争分夺秒，想尽一切办法，动用一切力量营救他们。8 天 8 夜之后，他们得救了。

他们创造了生命的奇迹。

如果不是互爱互助，这个故事完全有可能是另一种结局：自私自利、只顾自己的矿工们可能全部遇难，但他们用团队精神赢得了生命的尊严和希望。这里闪现的是一种人性的光芒，没错，那就是爱！爱自己也爱别人。心中有他人，灵魂闪烁的光芒可以穿透尘世中的一切黑暗；心中只有自己，即便你置身于光明之中，灵魂也终将被黑暗所吞噬。

你的精神需求最终会告诉你，当别人因为你而感到幸福时，人生才会更加快乐、更有意义。所以，当你有能力帮助他人时，请伸出你的手，捧出你的同情心，不要犹豫。

治愈你的“被迫害妄想症”

赵女士在北京经营着一家建材商店，生意一直不错，小有所成，然而她的情绪一直处于不稳定状态，一个人的时候常会哭泣。

她觉得身边没有人理解自己，没有自我价值感，生活毫无意义可言。近一段时间，她感觉自己已经无法控制情绪了，每次发作时，自己就好像变成了另外一个人，满脑子都是丈夫如何亏待她、骗她，甚至认为他们母子俩在对付自己，要害自己。脾气来时如洪水猛兽，去得也快，事后又非常后悔，不知自己为何会变成这般模样。平均每周三到四次，这令赵女士痛苦不堪。

赵女士出生在一个物质富足的家庭中，父亲算得上是当地的成功人士，但性格暴躁，唯我独尊，对赵女士的管教非常严厉，经常斥责，亦有打骂。母亲的脾气也不好，父母经常吵架。赵女士从小就很怕他们，唯恐父母不顺心就拿自己出气。到了青春期以后，父母不允许她单独出去玩，不管是男同学还是女同学。放学以后必需准时回家，不然父母是要发火的。这使得赵女士从小就很乖顺，不谙世事，爱幻想。

刚刚工作那会儿，赵女士结交了第一个男朋友，虽然父母明确表示反对，但赵女士终于做了一回自己的主，她在父母的责骂声中离开了家，开始与男友同居。最开始的两个月，两人的关系还算融洽，之后，两人开始争吵，男友骂她、羞辱她，甚至还动手打她。她要离开他，他跪下来求她，情真意切，痛哭流涕。她心软了，想到平时他对自己真的很体贴，这个时候她脑子里又都是他的好。这是她的初恋，她真的很珍惜这段感情，然而他总是时好时坏，好的时候是真好，处处体贴她、关心她，坏的时候是真坏，简直不可理喻、不近人情。就这样，他们在一起相互折磨了6年，她再也无法忍受，最终提出分手，他当然不愿意，但她决心已定。

她逃离了那座城市，孤身来到北京，两年前，她结识了现在的丈夫，他们沟通得非常好，她觉得这个人很可靠，性情温和，随着接触的增多，两个人确立了恋爱关系。第二年，他们组建了家庭。

家庭生活中的琐事影响到了她的情绪，也勾起了她的回忆。她来到北京，原想与过去做个了断，摆脱心中的阴霾，然而这阴霾却越来越重，越想忘记，越挥之不去。她为此常在梦醒时分轻轻抽泣，莫名其妙地对丈夫发火。丈夫不理解她为什么会这样，问她时，她又不愿意去讲，怕丈夫知道她的过去。有时丈夫保持沉默，她就更火大，更伤心。她会不知不觉地拿前任与现任做比较，总觉得现在的丈夫没有前任对她那样体贴、细心，她知道不应该这样，但就是无法控制自己。

婆婆现在独自居住，母子两人都相互关心，儿子考虑母亲一个人可能会孤独，经常打电话问候，时常陪她聊天。就因为这一点，她非常烦恼、生气，她觉得婆婆抢走了丈夫对她的爱，她不愿意与人分享。逐渐地，她的郁闷发展成了猜疑，她觉得两个人如此频繁地通电话是在合谋要害她，她开始怀疑丈夫当初和自己结婚是有所图，确切地说是为了她的钱。冷静下来，她也知道自己的想法不可理喻，但她无法自控。

从赵女士的感情生活来看，她的遭遇是不幸的。过严的家庭教育、缺乏温情的成长环境，造就了她单纯无知的心，也在某种程度上注定了她的经历。透过人格特征，基本可以判断她的前男友具有偏执型人格障碍。可是她并不了解，她忍受了6年不堪回首的生活。在这6年中，她始终在被要求按他的意愿做事、按他的思想生活，她几乎丧失了自我。她虽然猛然觉醒，断然离去，然而，她单纯如白纸的一个人已经被偏执的前男友所着色，她的人格被“同化”了。由于被“同化”，她变得敏感，多疑，以自我为中心，不去理解别人，依赖性强，希望被关注。

赵女士所表现出来的，是典型的“创伤后遗症”，带有很强的偏执色彩，既跟别人较劲，也跟自己较劲。以往的事情，在她内心里留下了严重的创伤，大多数时候，她的内心在本能地压抑对这件事情的担心、恐惧和愤怒，而结婚后的家庭生活，激起了那次创伤的回忆，以至于无法自控。

客观地说，有过异常痛苦的经历，产生一点偏激的想法也属正常，说说狠话、怪怪别人发泄一下也就算了，千万不要让这些痛苦停留在自己的潜意识中，使之成为挥之不去的阴影。别让自己的身心一触碰到爱情就亮起红灯。在这个世界上，最可怕的心理就是“不信任”，一个人，如果不信任这个世界，就等于已经把自己隔离在这个世界之外，偏执、孤独、焦虑、痛苦随之而来。

对于赵女士而言，她现在最需要的是内省，正视自己的心理障碍，好好想想在现在这段感情中，自己的问题，自己的偏执，主动接受治疗并做好自我调节，让自己从阴霾中走出来，成为心灵上的强者。

忘记他们对你的伤害

也许昨天，也许很久以前，有人伤害了你，你不能忘记。你本不应受到这种伤害，于是你把它深深地埋在心里等待报复。不过现在你应该明白，这样做是毫无益处的，不肯放过别人就是不宽恕自己。

在这个世界里，一个人即使是出于好意也会伤害他人。朋友背叛你、父母责骂你、爱人离开你……总之，每个人都会受到伤害。

人一旦受到伤害的时候，最容易产生两种不同的反应：一种是怨恨，一种是宽恕。

怨恨是你对受到深深的、无辜伤害的自然反应，这种情绪来得很快。女人希望她的前夫与他的新妻子倒霉；男人希望背叛了他的朋友被解雇。无论是被动的还是主动的，怨恨都是一种郁积着的邪恶，它窒息着快乐，危害着健康，它对怨恨者的伤害比被怨恨者更大。

消除怨恨最直接有效的方法就是宽恕。宽恕必须承受被伤害的事实，要经过从“怨恨对方”，到“我认了”的情绪转折，最后认识到不宽恕的坏处，从而积极地去思考如何原谅对方。

宽恕是一种能力，一种停止伤害继续扩大的能力。

宽恕不只是慈悲，也是修养。

生活中，宽恕可以产生奇迹，宽恕可以挽回感情上的损失，宽恕犹如一个火把，能照亮由焦躁、怨恨和复仇心理铺就的黑暗道路。

曾任纽约州州长的威廉·盖诺被一份内幕小报攻击得体无完肤之后，又被一个疯子打了一枪几乎送命。他躺在医院为他的生命而挣扎的时候，他说：“每天晚上我都原谅所有的事情和每一个人。”这样做是不是太理想化了呢？是不是太轻松、太好了呢？如果是的话，就让我们来看看那位伟大的德国哲学家，也就是“悲观论”的作者叔本华的理论。他认为生气就是一种毫无价值而又痛苦的冒险，当他走过的时候好像全身都散发着痛苦，可是在他绝望的深处，叔本华叫道：“如果可能的话，不应该对任何人有怨恨的心理。”

当上帝说“爱你的仇人”的时候，他也是在告诉你，怎么样改进你的外表。你一定见过这样的女人，她们的脸因为怨恨而爬满皱纹，因为悔恨而变了形，表情僵硬。不管怎样美容，对她们容貌的改进，也及不上让她心里充满了宽容、温柔和爱所能改进的一半。

怨恨的心理，甚至会毁了你对食物的享受。圣人说：“怀着爱心吃菜，也会比怀着怨恨吃牛肉好得多。”

要是你的仇人知道你对他的怨恨使你精疲力竭，使你疲倦且紧张不安，使你的外表受到伤害，使你得心脏病，甚至可能使你短命的时候，他们不是会拍手称快吗？

即使你不能爱你的仇人，至少也要爱你自己。要使仇人不能控制你的快乐、你的健康和你的外表。就如莎士比亚所说的 ：“不要因为你的敌人而燃起一把怒火，热得烧伤你自己。”

你也许不能像圣人般去爱你的仇人，可是为了你自己的健康和快乐，你至少要忘记他们，这样做实在是件很聪明的事。艾森豪威尔将军的儿子约翰说 ：“我的父亲不会一直怀恨别人。”他说，“我爸爸从来不浪费一分钟，去想那些不喜欢的人。”

在加拿大杰斯帕国家公园里，有一座可算是西方最美丽的山，这座山以伊笛丝 · 卡薇尔的名字为名，纪念那个在 1915 年 10 月 12 日像军人一样慷慨赴死——被德军行刑队枪毙的护士。她犯了什么罪呢？因为她在比利时的家里收容和看护了很多受伤的法国、英国士兵，还协助他们逃到荷兰。在十月的那天早晨，一位英国教士走进军人监狱——她的牢房里，为她做临终祈祷的时候，伊笛丝 · 卡薇尔说了两句将刻在纪念碑上不朽的话语 ：“我知道光是爱国还不够，我一定不能对任何人有敌意和恨。”四年之后，她的遗体转移到英国，在西敏寺大教堂举行安葬大典。人们常常到国家肖像画廊对面去看伊笛丝 · 卡薇尔的那座雕像，同时朗读她这两句不朽的名言。

学着宽恕吧！遇事记恨别人的人，往往不能从被伤害的阴影中平安归来，痛苦总是如影随形，受伤害的反而是自己。因此，你一定要尽己所能地宽恕别人，这样做也正是在宽恕自己。

释怀，哪怕难以释怀

人生不仅要学会承受，也要学会释怀。承受是一种忍耐，一种担当，一种宽容；而释怀则是一种心态，一种态度。忍受常人所不能忍受的，宽容常人所不能宽容的，处理别人所不能处理的。只有心胸开阔，才可以宽容别人；只有忠厚仁义，才可以容纳万物。

有这样一副楹联：满腔欢喜，笑开古今天下愁；大肚能容，了却人间多少事。没错，它说的就是弥勒佛，见过弥勒佛的人，往往都会陶醉于弥勒菩萨无与伦比的朗笑，更羡慕他的超级大肚子，但又有几人能够参透其中的禅意呢？

一尊数百年前的弥勒佛，因年久失修而残损，于是寺里请来佛工为其修葺。当佛工揭开弥勒佛的腹部，准备加固翻新时，在场的方丈和僧侣们无不惊愕动容——弥勒佛的腹里居然装着十二个男女老少的陶俑！

弥勒菩萨容人所不能容，容尽天下苍生，这是何等伟大的胸怀！这才是宽容的真谛，更是一种令人感动的仁爱。亦如法国作家雨果所说："世界上最宽广的是海洋，比海洋更宽广的是天空，比天空更宽广的是人的胸怀。"我们或许无法做到佛祖那般博怀，但至少我们可以为自己的心灵创设一种大格局，忍人所不能忍，容人所不能容，若如此，则我们必能处人所不能处。

在河南省方城县，11 年前，打工汉孔某沉浸在喜得千金的兴奋中时，妻子张某却告诉了他一个残酷的事实：这个新生命是她和别人的孩子！经过一番痛苦挣扎，孔某最终宽容了妻子，并将孩子视为己出。然而，11 年后，这个孩子却患了白血病，生命告急！孔某能够做出惊人之举、允许妻子再次怀上旧情人的孩子用脐血干细胞挽救第一个孩子的生命吗？一方面是有悖传统道德的“奇耻大辱”，一方面是对十一岁花季少女生命的无私拯救，孔某一颗平常而博大的心，被亲情和伦理这两条绳索揪紧了……

那天，并非孔某亲生女儿的小华（化名）在学校突然晕倒，到医院诊病，结果确诊小华患的是要命的淋巴性白血病。

医生对孔某夫妇说，要想治好小华的病，需要张某再生个孩子，用新生儿的脐血挽救小华。这就意味着张某必须与旧情人任炎再生一个孩子，这怎么可能呢？妻子张某痛苦地低下了头，孔某更是痛苦万分：本来小华就不是自己的骨肉，怎么能再要一个又不是自己骨肉的孩子呢？

经过反复思考，孔某做出了一个令人难以置信的决定：让张某与任炎再生一个孩子救小华！然而，这个决定遭到了张某的坚决反对：“这十多年来，我们早就没有任何来往，况且双方都已有家室，你让我怎么跟他讲？再说，我至死都不想让任炎知道小华是他的亲生女儿，我更不能再做对不起你的事啊！”

“生命高于一切。为了小华的生命，请你好好考虑考虑吧！”孔某诚恳地对张某说。张某又何尝不想救女儿呢？只是她万分珍惜与孔某的感情，实在不愿让这份感情再受到任何玷污了。

考虑了三天，张某觉得自己无论如何都不可能再和任炎有什么瓜葛。如果能用其他的方法与任炎再生一个孩子，倒还可以考虑。与孔某商量后，夫妇俩坦率地把自己的隐私对大夫讲明了，大夫说："你们可以采用人工授精的方法怀孕，这样也能使孩子获救。"

孔某于是找到并说服了任炎，任炎答应献出精子。

随后，医生为张某做了特殊的人工授精手术。手术做得很顺利，一个多月以后，张某就怀孕了。看着妈妈渐渐隆起的肚皮，小华知道新的小生命与自己的生命紧紧相系，久违的笑容，再一次回到了她的脸上。

十月怀胎，张某在县妇幼保健院顺利产下一个女婴。生产以后，孔某当即带上装在保温箱里的一段脐带，到省人民医院做配型化验。终于，从郑州传来喜讯，配型成功！张某刚刚坐完月子，孔某和她就带着两个女儿到医院，找到了大夫，大夫马上安排孩子住院。观察七天后，为小华做了亲体配型脐血干细胞移植手术。手术进行了两个半小时，非常成功。住院观察期间，小华未出现大的排异反应，小华稚嫩的生命，终于又重新扬起了希望的风帆。

显然，孔某就这样承受了有悖传统伦理的"奇耻大辱"，奉献了拯救孩子生命的大爱！尽管他因此陷入了难言的尴尬和隐痛，但他的人生却因此显现了人性的光辉，令人肃然起敬。即便人们知道了其中的隐情，谁还能忍心讥讽他？因为任何人都难以做到。所以，能做到的人才最值得别人去尊敬和赞美。

换一种方式让彼此都好过

大千世界，沧海桑田，一切都在变，感情自然也不能幸免。当一段感情逝去了，当你爱的人渐渐远离，不知你可曾想过，接下来我们要怎样做？

在情感的世界中，我们可以失去爱情，但一定要留下风度。

事实上，在情感的世界中，并没有绝对的对与错，他爱你时是真的很爱你，他不爱你时是真的没有办法假装爱你。毕竟你们真的爱过，所以分手时为何不能选择很有风度地离开？

不要为背叛流眼泪，在感情的世界中眼泪从来都只属于弱者。他若是爱你，怎会舍得让你流泪？他若是不再爱你，即便是泪水流尽亦于事无补。

缘分这东西冥冥中自有注定，如果你们错过，那只能说明你们不是彼此一生的归宿，他或许只是你在寻找一生爱情上的一次尝试。如果你自认是生活上的强者，那么不如洒脱地离开，既然曾经深爱，就不要再彼此伤害。

陈露是一位医生，在北京一家很有名望的医院工作。丈夫张仪是一家工程公司的老总，每天忙得不可开交，马不停蹄地在各地跑来跑去。两人见面的时间很少，只是偶尔在周末才聚一聚。

一次，陈露和张仪偶然间在医院的急诊室相遇。张仪向妻子解释说："我带一个女孩来看病，她是我单位的员工，由于工作劳累过度晕倒了。"陈露看了那女孩一眼，女孩看上去比张仪小很多，脸上带着点野性。陈露心里有一种说不出来的感受。

她便偷偷地到丈夫工作的公司去打探。大家都说从来没有见过像她所描述的这样一个女孩。

陈露听后，立即像失去重心一样。回来后，她给丈夫打了电话，说她已出差到了外地，要一个月以后才回去。

接着她便到丈夫的公司附近蹲守。

蹲守的结果证明，那女孩已经与张仪同居了很久。怎么办？是离婚还是抗争？陈露陷入了极度痛苦的深渊。

那个晚上，她坐公共汽车回家。

车开得很慢，司机好像很懂陈露的心情。车上只有三个乘客，另外两个乘客在给亲人打电话，脸上洋溢着幸福的表情。陈露痛苦地闭上了眼睛，回想起摊放在桌上半年多的《离婚协议书》。

突然有人叫她，是那位司机在跟她说话："妹妹，你有心事？"

陈露没有回答。

"我一猜你就是为了婚姻"，陈露的脸色微微地有点冷暗，可司机却当没看见一样继续说："我也离过婚。"

陈露眼前微微一亮，便竖起耳朵细心倾听起来。

"我和妻子离婚了。"陈露的心不由一紧，"她上个月已经同那个男人结婚了，他比她大4岁，做翻译工作，结过婚，但没孩子。听说，他前妻是得病死的。他性格挺好的，什么事都顺着我的前妻，不像我性子又急又犟，他们在一块儿挺合适的。”

陈露觉得这个司机很不寻常。

“妹妹，现在社会开放了，离婚不是什么丢人的事，你不要觉得在亲友面前抬不起头。我可以告诉你，我的妻子不是那种胡来的人，她和那个男人在大学里相爱四年，后来那个男人去了国外，两人才分手。那个男人在国外结了婚，后来妻子死了，他一个人在国外很孤独，就回来了。他们在同学聚会上见了面，这一见就分不开了。我开始也恨，恨得咬牙切齿。可看到他们战战兢兢、如履薄冰地爱着，我心软了，就放了他们一条生路……”

陈露的眼睛有些湿润了，她想起丈夫写给她的那封信：

我没有想到会在茫茫人海中与她邂逅。在你面前，我不想隐瞒她是一个比我小很多的女人。我是在一万米的高空遇见她的，当时她刚刚失恋。我们谈了几句话之后，她就坦诚地告诉我她是个不好的女孩，后来我知道她和我生活在同一个城市，我不知为什么，从那一天起，心里就放不下她。后来我们频频约会，后来我决定爱她，照顾她一生。因为她，我甚至想放弃一切……

车到家了，陈露慢慢地走上楼。第二天她很平静地在《离婚协议书》上签了字。

当你所面临的是这种婚外萌发的真情时，这种真爱就如生长在荆棘丛中的一株野花，在临近深秋时绽开。虽然它开得不是地方，不合时宜，但毕竟已在凉凉的秋风中战栗地开放。你又何须一脚将其踏死？即使这样你也会付出惨重的代价。这时，不如退后一步，像一首歌中唱的那样：人生没有翻不过的山，没有趟不过的河，更没有过不去的坎儿。

欣赏别人，让你获益匪浅

有一个俄国农人，他的邻居因为家里有一头牛而比他富裕。有一次，这位农人救了一条神鱼，神鱼答应满足这个农人的任何一个心愿。这位农人指着邻居的楼房说：“他比我富裕，就是因为他家有一头牛。”神鱼以为自己明白了农人的意思，就说：“这好办，我给你 10 头牛。”哪知农人咬牙切齿地说：“不，我不要你的牛，我你把他家的那头牛杀死。”这是很典型也是极不正确的应对嫉妒的方式——不是通过让自己变得比别人更好来缓解嫉妒，而是通过打压别人来寻求心理的平衡。如果说，嫉妒这种情感与道德关系不大，那这种行为就大大地与道德相关了。这样的人，简直可以称得上是小人了。

其实，见不得别人好是人类正常的心理现象，但我们要将其有效地转化为奋斗的动力，而不是嫉恨的“源泉”。我们应该尝试着放下累赘的包袱，带着祝福的心，欣赏别人的风景，憧憬自己的梦。

如果能够懂得欣赏别人而不是嫉妒，那么在把慰藉和力量给予别人的同时，我们也把激励和鞭策给了自己。因为在欣赏别人的过程中，我们也能以人为镜，看出不足，找出差距，从而不断提高自身的能力和修养水平。

学会欣赏别人，我们就不会活在别人的影子里，而是在欣赏的过程中得到升华，在欣赏中思考自己，寻找自己，正视自己，修正自己。善于理智欣赏别人的人，总会得到更多人的欣赏和帮助，创造一个更适合个性发展的宽松、和谐又布满人情味的人际环境。

林先生与丁先生从小长到大，是无话不说的好朋友。大学毕业几年之后，机缘巧合之下，两人先后进入了同一家公司工作。

由于丁先生最早进入这家公司并且工作出色，因此在林先生熟悉公司业务的时候，丁先生经常帮助他，向他讲解公司的规章制度，以及相关业务的操作流程。慢慢地，林先生熟悉了公司的业务，半年以后，他的业绩竟然超过了老同学丁先生。

作为公司的骨干人员，丁先生一下子就感受到了巨大的压力，埋在心底的那颗酸葡萄发作了。因此，两人工作之余的话语变得越来越少。

林先生看出了老朋友的心病，于是决定帮他放下内心的包袱，所以时不时地就约他出来钓鱼。其间，林先生试探性地跟丁先生谈到工作上的事情，并且从自己的角度，给他提了几点建议。丁先生心里自然十分清楚，老朋友是真心想缓和两人之间的紧张关系，很快两个人又和好如初了。

在年终考核的时候，林先生的业绩遥遥领先，同事都对他心服口服。这个时候，部门经理的职位空缺，很多人都盯着这个岗位。最终，林先生通过竞争上岗得到了部门经理的位置。

现在两个人都互相帮助，共同享受着并肩作战的成就与快乐。

丁先生理性地调整自己的心态，克服自己的嫉妒心理，才让自己的友谊与事业都得到了发展。

会欣赏别人的人是心胸宽广的，即使心里也曾泛过酸，但终究可以压制住。极度的嫉妒者，他们受不了别人的成功，一切美好的东西都会引起他们的仇恨，他们嫉妒别人的才能，嫉妒别人的名誉，嫉妒别人的地位，嫉妒别人的财富，由忌生恨，从而使自己一直困在负面情绪之中。

这样活着，累不累啊？每个人都有自己的长处，也都有自己的短处，何必非要纠结于一时之长短呢？心里泛了酸，就努力去超越，脚踏实地地把自己的事做好比什么都强。

一次，一位成功学讲师在做了一番精彩演讲之后，有位男士从听众席上站了起来。他说："我很敬佩你，而作为男人，我也很嫉妒你，将来，我一定要努力超过你。"这位男士的话音刚落，听众席上就响起了雷鸣般的掌声，而且持续的时间竟然超过了对演讲者的喝彩。

这是对人性的赞美和鼓励——既然人人都会嫉妒，那我们就需要把它当成一种存在来尊重；表达一种不太光彩的情感，这种勇敢本身就是一种可贵的能力。而更重要的是，人性还有着另外一种品质，那就是永不服输的雄心壮志。后者的光辉，足以照亮前者的阴暗。

能够欣赏别人，就是战胜了自己。当你察觉自己的心中出现了嫉妒情绪，不妨对自己说："我比不过你，我欣赏你还不可以吗？但我将来一定要努力超越你。"你如果能够一直这样对自己说，并且一直这样做，你会越发勇敢而强大。

永远保持一颗美好的心灵

也许你不够漂亮，也许你不够潇洒，那你也大可不必为此自卑，只要你拥有一颗美好的心灵，你就拥有了吸引人的魅力。

丑女东施效仿西施“捧心而颦”，但人们都只说西施漂亮，见了东施却远而避之。这是为什么呢？为什么西施颦很美，东施颦却不美呢？两个动作完全相同，但效果却大相径庭，单单是因为西施本来就比东施漂亮吗？这只不过是原因之一，还有一个更重要的原因：西施的动作是真实的，她因心病而颦，自然之中流露出美；东施捧心而颦，只是一味地模仿，给人的感觉不是美，而是做作。所以，人们对待她们的态度也就截然不同了。

“爱美之心，人皆有之”，扮美无可厚非。但外表的美是一种“浮华”，内在的美才是“沉香”。德国著名文学家歌德说：“外貌美只能取悦一时，内在美才能够经久不衰。”外表的欠缺不能代表什么，再美的容颜也会有褪色的一天。蕴于内心深处的美德，却可历久弥新。正所谓“满腹诗书气自华”，你不必因你表面的不足计较什么，真正的美在你心里。

只要你相信自己是最美的，你就肯定会变成最美的，因为自信能带给你红润的脸色、明亮的眼神、洒脱的举止、优雅的风度……只有走出不停掩饰的心理误区后，你才能让你的美丽不打折扣地显示出来，使人为之心动。

面对人世间的许多事你无力回天，许多缺失你无法挽回，自卑、自怜也无济于事。但你可以选择爱你的“心”，让你的心完美。也许你没有财富，也许你没有幸福的家庭，也许你没有美丽的容颜，但你一样可以让自己发光。

当美国的黄热病疯狂蔓延时，玛格丽特活了下来，成了一个孤儿。她在年纪不大时就嫁人了，但不久她的丈夫死了，她唯一的孩子也死了。她非常贫穷，没有文化，除了自己的名字以外几乎什么都不会写。于是她就到女子孤儿收容所去谋生。她从早到晚地忙个不停，将整个生命都投入到照顾这些孤儿的工作中去了。当一家新的漂亮的收容所建造起来以后，玛格丽特和这些修女从原先艰苦的条件下摆脱了出来。后来，玛格丽特还在这个城市开了一家属于自己的乳品面包店。这个城市中的每个人都认识她，他们还资助她去购买运奶的小车和烤面包炉。玛格丽特非常努力地工作着，将节省下来的每一分钱都用来帮助那些孤儿，因为她已经把这些孤儿当成自己的亲生孩子了。而她自己从来就没有买过一件丝绸衣服，也没有戴过一双羊皮手套。但她的努力最终也得到了回报。她离开人世后，这座城市就为这些孤儿的朋友和保护者建造了一座美丽的纪念雕像，以表达对这个美丽的、无私的人的感激之情。

玛格丽特不曾拥有世人眼中的一切美好，但她却是最美的。因为她不曾因外表的一切而自卑、惰怠，她爱自己的“心”。这颗心让她在困苦的环境里帮助别人、珍爱别人，因而她是伟大的。别人也许拥有了她没有的，而她却拥有了别人得不到的。

生命的价值也许并不仅仅体现在强大的财力、曼妙的姿容、健康的体魄……更本质的是，生命是否可以超越平凡，升入到更高的境地。在更高的天空，彩虹的美是有目共睹的。因为，只有经历过风雨的洗礼，生命才更美丽，才更能显示出它宝贵而华美的价值，才更凸显出美的含义。

涛的双腿残疾，但他的心情似乎从未因此而沉闷、忧郁，他在每日的黄昏都会吹起他心爱的笛子。

乐声像清晨的光芒，从他修长的手指间倾泻而出。那些欢快的、像露珠般纯洁、像水晶般剔透的音乐感染着附近的居民，给他们木然而单调的生活增添了一些鲜活的色彩。因为涛的笛声，人们发现天空是那么明丽，生活是那么轻松惬意。

那个时候，在炎热的夏夜，涛的笛声四处回旋，让人们忘却了白天工作的紧张、劳累和压抑。在灰色而又琐碎的生活背后，普通人因涛的笛声而感到安详、快乐，而涛对每一天充满期待，对每一个邻居充满笑意和感谢。

涛只活到了30岁，但他的生命历程到今天都没有消失。在那条街，只要有音乐，有夏夜的星空，就有涛临窗而坐的身影，有他蓬勃的生命力。

他常说一句话 :“我的脚不能走路了，我的音乐可以和人们一道走得更远。”

涛的生命是短暂的，并且在这短暂的生命里失去了走路的权利。但人们永远记得他的笛声，记得他带给别人的安详和快乐。

今生，不论你能走多远，不论你能得到多少生命的馈赠，爱你的“心灵”，别让它沾染人世的黑暗，别让它因为受苦而不再充满活力。

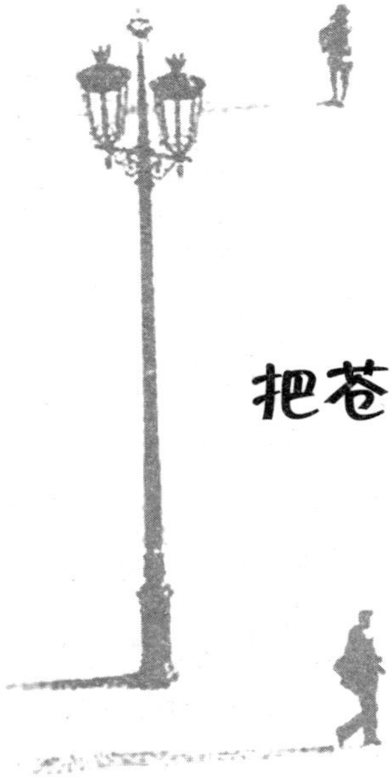

辑六　梦景

把苍茫人生，过成自己喜欢的样子

生活与梦想时常背道而驰，但你不能随波逐流。残酷的世界或许让我们胆战心惊，淡化了我们对美好事物的追求和热爱。这万万不能！从对世界的恐惧中抽身出来，和自己的心灵对话，不戚戚于过去，不畏惧将来，把生活过成你喜欢的样子。

谁的青春不受伤害？

人人都有受过伤害的青春。在那段时间里，我们活得很难受，就像一条离开水的鱼，被压迫得快要窒息。可是回过头看看，并不是一无所有的。其实谁都没有输光手里的最后一张牌。下一步，怎么出牌，全在自己手里。幸福总会来的，只是，也许不是现在而已。

她的父亲做苦力，母亲做帮佣，全家只能勉强生存，所以一出生，她就掉进了苦难里。

6 岁时，她随父母移居到非洲的津巴布韦，在那里上了学。在本应无忧无虑的年纪，她再一次陷入了灾难——她得了眼疾，整个世界都是模糊的，那一年她才 12 岁，小学还没毕业。母亲带着她离开校园时，她恋恋不舍地几次回头，却再也看不清曾经熟悉的老师和同学。

她很绝望，在模糊灰暗的世界彷徨挣扎，她的心里充满了孤寂与痛苦。为了安抚她的情绪，母亲每天工作回来，都会给她讲一些自己的所见所闻。她一个人在家的时候就把这些听闻编成故事，待父母回来讲给他们听，而她的父母，竟常常被感动得泪流满面。

16 岁时，命运微转，她的视力逐渐恢复正常。为了帮助养家，她开始四处寻找工作，最后，她去了一个有钱人家当保姆照顾小孩。这个孩子很顽皮，为了使他安静下来，她就编各种各样的故事讲给他听。有一天，那孩子的父亲听到了她的故事，这位学识渊博的男主人忍不住问道："你讲的故事非常精彩，是在那本书里看到的？"她扭扭捏捏地说是自己编的。男主人惊讶地对她说："你应该把这些故事都记录下来，说不准你可以成为作家呢。"而她，只当作这是玩笑话，她现在面临的最大问题是如何更好地生存下去。

20岁，她结婚了，随后便有了孩子。她想，以后应该可以幸福地生活了吧。谁曾想，婚姻成了她生命中的又一个灾难。那个她认为值得依靠的男人，在婚后第三年卷着家里的钱无影无踪了，只给她留下三个嗷嗷待哺的幼子。她的生活再一次崩塌，她不知道自己的未来该如何是好。为了排遣苦闷，她又开始提起笔来写被自己称为故事的小说。写小说，成了可以让她逃避现实、排遣痛苦的方式。

31岁时，望着瘦骨嶙峋的孩子，她做出了一个大胆的决定：离开贫困的津巴布韦，去外面的世界找出路。她带着孩子一路辗转来到英国，下船时已经囊空如洗，背包中只剩下一部反映非洲生活的小说草稿。

看着饿得头晕眼花的孩子，她那颗母亲的心如同刀割。她赌博似的拿着那篇草稿去出版社碰运气，结果处处碰壁，受尽白眼和奚落。没人相信，一个来自非洲的流浪女人可以写出值得一读的小说。但她无路可走，她连放弃的资格都没有，这是她和孩子能够生存下去的唯一机会。她用了半个月时间，敲遍了伦敦所有出版社的大门，最后终于有一家出版社同意以《野草在歌唱》为题出版她的小说。

别说别人，甚至连她自己都没想到，这部非洲题材的小说出版以后竟备受读者追捧，整个伦敦出版界在一夜之间认识了这位带着三个孩子的年轻母亲。

这突如其来的成功，让她找到了人生的希望和方向，她相信凭借手中的笔自己可以写出精彩的人生。她继续创作着，童年以来的苦难与坎坷经历，都成了她的素材。她用 17 年的时间，创作发表了《暴力的孩子们》《金色笔记》等多部长篇小说。她的作品越来越受到人们的关注，但与此同时，一些诋毁和攻击也如潮水般袭来，有人指责她的小说思维狭隘，有人说她的小说思想偏激，有人干脆说那是垃圾。她充耳不闻，继续自己的创作。她相信，总有一天人们会理解自己的那些故事，并喜欢这些故事。

时光荏苒，她由少妇变成了老妇，又由老妇熬成老妪。有一天，她去超市购物回来，发现自家门口挤满了带着摄像机的人。她好奇地问他们："你们是要在这里拍外景剧吗？"这些人告诉她："你获得了诺贝尔文学奖！"她听了后，一脸的平淡，宠辱不惊，而人们则呼喊着她的名字：多丽丝·莱辛。

所有的苦难都是暂时的，只要你愿意，结果可以是辉煌的，人生无论经历多少苦难，只要你愿意，都终将完美重生。

让生活变得有趣些

在这个竞争激烈的时代，我们一直在为工作和生计而忙碌着，林语堂曾说过，只有人才工作，动物只有在饿的时候才去寻找食物。在忙碌中我们是否应该忙里偷闲一下，在日常生活中去寻找乐趣？让自己更放松、更好地享受生活，而不是为生活所累。

在生活中，你即便是再忙碌，也应该把目光从“事业”上稍稍挪开，去关注一下路边正在抽芽的树木，窗台上正在吐蕊的花朵。夜里，不妨暂时推开桌上的文件，去沐浴一下璀璨的星光。假日，也可约三五个好友一道，来一次自行车旅游……

美国诗人惠特曼说过：“人生的目的除了去享受人生外，还有什么呢？”

生活本来就是丰富多彩的，除了工作、学习、赚钱、求名，还有许多美好的东西值得我们去享受：可口的饭菜、温馨的家庭生活、蓝天白云、花红草绿、飞溅的瀑布、浩瀚的大海、雪山与草原、大自然的形形色色，包括遥远的星系、久远的化石……

此外还有诗歌、音乐、沉思、友情、谈天、读书、体育运动、喜庆的节日，甚至工作和学习本身也可以成为享受。

如果我们不是太急功近利，不是单单为着一己的利益，我们的辛苦劳作也会变成一种乐趣，也会变为一种艺术。

一味地忙碌，让我们遗忘了很多美好的东西。有人说：“我们走得太快，以至于把灵魂都走丢了。”作为繁忙的都市人，你有多久没有舒舒服服地躺在草地上，凝望天空，给孩子介绍美丽的星座了？或许很久了，甚至是从未想过，对不对？因为“匆忙”已成为一种习惯，让你淡忘了许多人生的乐趣。

有个年轻人，每天下班后都要到河畔的柳树下去吹笛子。那时，夕阳西下，凉风习习，在悠扬的笛声中，一切仿佛都充满了诗意。有个大学生很喜欢音乐，便利用双休日到建筑工地去免费弹唱。那一天，无论是他还是工人们都过得十分愉快。

忙碌、沉重、苦恼不是生活的代名词，它的内容其实很丰富，只是许多人未曾现掘到而已。当你学会了怎样适度调节身体时，你将发现这是一件多么有意义的事。在这个世界上，确实有许多美丽可爱之处值得我们去发现和欣赏。但许多人却一味地追求远方模糊的风景，而放弃了许多触手可及的幸福与快乐。而他们的这种追求是没有止境的，因为他们一直在羡慕别人，总觉得自己的生活是平淡无味的。

但那些令人赞叹不已的人的日子又何尝不平淡呢？你羡慕的只是他们的成就，而没有懂得他们对那样的日子也有一种平淡的感觉。况且你玩保龄球、高尔夫球觉得快乐，他打着橡胶篮球也一样生龙活虎。只要你用心去感受就会发现，美无处不在。

一个打工者在一篇文章中写道：“我不是个画家，但撷取美的片刻是我的心愿；我不是个作家，但记录每一次的感动是我的习惯。”仔细想想，生活本身就是一本书，就是一幅画。也许前一刻我们是阅书观画的读者，后一刻却又变成书中主角、画中的人物了。更有可能，我们同时又是读者又是主角。

每一刻都是内容不同的一本书、风格迥异的一幅画。只是我们常常忘记去读它、欣赏它；随意地浏览过去，便断言今日是昨日平淡的抄袭，是公式化的衣食住行罢了。阅读，不仅是认识符号而已，更要懂得符号所传递的内涵；而观画，也不只是五彩缤纷的色彩调配，细细想来，画中原是有画的。

人生在世，既不要夸大自己的幸运，也不要夸大自己的厄运。实际上，幸福也好，不幸也罢；平淡乏味也好，富有情趣也罢；青春勃发也好，年老体衰也罢，无非都是一种自我感觉。

如果你哭，的确会伤心起来，好像你的一切都是一场悲剧；如果你笑，也的确会高兴起来。这说明，我们在任何情况下都可以选择痛苦，更可以选择快乐。

境由心造。一味抱怨的人，看到的总是灰暗的一面，即便是花满庭院的春天，他看到的也只是折断的残枝；而乐观的人看到的却是姹紫嫣红的鲜花、飞舞的彩蝶。自然，他的眼里到处都是春天。他的心，就是一幅画。

快乐是生活赐予的，谁都可以拥有。它不是商品，不是任何人的专利。快乐不是用钱能买到的，但也不是俯首皆是。一个人快乐与否，要看他以什么样的心态去看待所发生的事。

人生有梦不觉寒

你目前的状况很糟糕，但其实最糟糕的往往不是贫困，不是厄运，而是精神和心境处于一种毫无激情的疲惫状态：那些曾经感动过你的一切，已经无法再令你心动；那些曾经吸引过你的一切，同样美丽不再；甚至那些曾经让你愤怒的、仇恨的、发誓要改变的，都已无法在你心中撩起波澜。这时，你需要为自己寻找另一片风景。

他，里面穿着一件旧 T 恤，外面套着略显破旧的皮夹克，夹克的肩部垫着厚厚的皮垫，上面放着一个便携音响连着组合乐器，他带着这些东西洒脱地奔向人群。他，就是流浪歌手。

每晚7点以后是他工作的开始，他会拿着自己编好的歌谱，去各个饭店让客人点歌。歌谱上的歌曲有许多：现代的、过去的、新潮的、经典的。他最喜欢的是张雨生的《我的未来不是梦》。

天黑得快，又冷。很少有人会在外面吃饭，他不得不多去些地方碰运气，因为有些饭馆是不让他进的。一个小时过去了，他仍然没有挣到一分钱。走了几站的路，他有点累了，靠在路灯下，半闭着眼，长发在光晕下显得如此沧桑。这两年他的脾气已经在别人的冷嘲热讽、白眼，甚至是骂声中磨得没了棱角。有一段时间他感到很迷茫。在自己的地下室出租屋里一待就是一天，或者去看老人打牌、下棋。他想过放弃，但自己为了音乐付出了这么多，就这样放弃他又有些不甘。他反复地说："人这一辈子总得有个奔头，有个希望。"而音乐当然就是他的希望，他相信自己能成功。他并不觉得自己比那些明星差多少。

一个青年女子走了过来，丢下1块钱在地上，他拾起来还给了她，说："我是卖艺的，不是要饭的。"她轻蔑地看了他一眼，随便点了一首歌，没等他唱几句，转身离开了。这是他赚到的第一笔钱，钱是拿到了，但拿得却是如此心酸。

临近午夜，他开始往回走。天气有些凉，路上的人已经很少了。他不冷，走了这么久的路，身子早就暖和过来了。走到一个酒店门口，他被两个醉汉拉住，非要他唱歌给他们听。他唱了几首，他们很高兴，但拒绝付钱，几个人纠缠在一起，被酒店保安劝开，他无奈地被赶走。

他一天的工作结束了，这一天他只挣到一点饭钱，空寂的马路上，路灯映着他疲惫的背影，他的耳边忽然又响起那首歌：你是不是像我在太阳下低头，流着汗水默默辛苦地工作；你是不是像我就算受了冷漠，也不放弃自己想要的生活……

他是谁？也许现在一文不名，但你又怎知他日后不会成为孙楠、杨坤那样的明星呢？因为事业的关键就在于坚持。

迷茫的人，请用信念牵引灵魂

把“信念”这两个字拆开来看：“信”字就是人言，即人说的话；“念”就是今天的心。“信念”二字组合起来就是——今天我的心对自己说的话。

“今天我的心对自己说的话”，如一粒种子，扎根在人生这个广袤空间之中，只要环境允许，就会生根发芽、破土而出。人生有了这粒种子，哪怕障碍重重，依然不屈不挠。

一场突如其来的暴风雨使一位旅行者在沙漠中迷失了方向。更可怕的是，他的旅行袋也被风暴卷走了，那里面装着水和干粮。他翻遍身上所有的口袋，只找到了一个青苹果。

“感谢上帝，我还有一个苹果！”旅行者看到了生命的希望。

他紧紧攥着那个苹果，独自一人在沙漠中寻找出路。每每干渴、饥饿、疲劳来袭之时，他都要看一看手中的苹果，抿一抿干裂的嘴唇，陡然又会增添不少力量。

两天以后，他终于走出了荒漠，而那个他始终不舍得咬一口的青苹果，如今已干瘪得不成样子，他却仍然宝贝一样地攥在手里。

一个再平常不过的青苹果，怎会拥有如此不可思议的力量？因为此时它已转化为一种信念，是维持生命的希望，只要这个希望还在，就足以支撑他不至于倒下去。可以想象，在生命中最困苦的时刻，这个人一定对苹果做出过想象，他可能把它想象成“救世主”，也可能把它想象成“平安夜的祝福”，还可能把它想象成“心爱的姑娘”……总之，这个苹果的意义已经不再平凡，它升华成了苦难者的精神食粮，是托起生命的坚强支柱。

生活中没有信念的人，犹如一个没有罗盘的水手，在浩瀚的大海里随波逐流。看不到尽头，看不到希望，所剩下的，只有迷失的航向和数不尽的迷茫。

在美国纽约有一个警察，他在执行任务时被匪徒射中左眼和右膝盖骨。三个月以后，当他从医院出来时，已经完全变了模样：曾经英俊挺拔、双目炯炯有神的小伙子，成了一个又跛又瞎的残疾人。

他因此消沉了吗？不！他不顾身体现状，坚决要参与抓捕行动，他势必要把他抓捕归案。为了这个信念，他几乎跑遍了整个美国，甚至为了一个“小道消息”独自一人飞往欧洲。

九年后，那个匪徒终于在亚洲某个小国落网，当然，他起到了非常关键的作用。在庆功会上，他再次成为英雄，媒体将其誉为“全美利坚最坚强、最勇敢的人”。然而仅仅过了半年，他就在自己的家中割脉自杀了。

在遗书中，人们找到了他自杀的原因——他死于绝望，“多年以来，支撑我活下去的信念就是抓住凶手……如今，伤害我的凶手得到了应有的惩罚，我的仇恨被化解了，可生存的信念也随之消失了。面对自己的伤残，我从来没有这样绝望过……”

我们当然不提倡将仇恨作为一种信念，但透过这些事件你应该有所感悟：信念能够创造生命的奇迹，拥有它时，生命就会被激发出无穷力量；失去它时，生命就会无限荒凉。

在心中种一颗希望的种子

在人生的征途上，我们需要保留的东西有很多，这其中有一样千万不能遗忘，那就是希望。希望是宝贵的，它犹如孕育生命的种子，可以随处发芽。只要抱有希望，生命便不会枯竭。

曾看到这样一则故事，至今仍回味无穷：

故事中说，有个突然失去双亲的孤儿，生活过得非常贫穷，今年唯一能让他熬过冬天的粮食，就只剩下父母生前留下的一小袋豆子了。

但是，此刻的他，却决定要忍受饥饿。他将豆子收藏起来，饿着肚子开始四处捡拾破烂，这个寒冬他就靠着微薄的收入度过了。也许有人要问，他为什么要如此委屈或折磨自己，何不先用这些豆子充饥，熬过了冬天再说？

或许，聪明的人已经猜到了，原来整个冬天，在孩子的心中充满着播种豆苗的希望与梦想。

因此，即使这个冬天他过得再辛苦，他也不曾去触碰那袋豆子，只因那是他“希望的种子”。

当春光温柔地照着大地，孤儿立即将那一小袋豆子播种下去，经过夏天的辛勤劳动，到了秋天，他果然得到丰富的收获。

然而，面对这次的丰收，他却一点也不满足，因为他还想要得到更多的收获，于是他把今年收获的豆子再次存留下来，以便来年继续播种、收获。

就这样，日复一日，年复一年，种了又收，收了又种。

终于，孤儿的房前屋后全都种满了豆子，他也告别了贫穷，成为当地最富有的农人。

凡是看得见未来的人，也一定能掌握现在，因为明天的方向他已经规划好了，知道自己的人生将走向何方。

只是我们太多的人在厄运面前丧失了希望，其实厄运往往是命运的转折，你战胜它就能成就新的命运，而一味埋怨、自暴自弃，厄运就不会成为幸运。所以当你感到彷徨无助，甚至想要自我放弃时，不要绝望，甚至对你并不感到绝望这一点也不要绝望。因为恰恰在似乎一切都完了的时候，新的力量毕竟要来临，给你以帮助，而这正表明你是活着的。

或许你一路走来真的很艰辛，其中的酸甜苦辣只有你自己知道，但只要你能做到“不抛弃，不放弃”，就会有希望。假如命运对你真的很不公平，它折断了你航行的风帆，那也不要绝望，因为岸还在；假如它凋零了美丽的花瓣，同样不要绝望，因为春还在；假如你的麻烦总是接踵而至，还是不要绝望，因为路还在、梦还在、阳光还在、我们还在。生活需要我们持有这种乐观的心态，只有这样我们才能发现它的美好，生活是具有两面性的，纵然是在令人痛不欲生的苦难中，也蕴涵着细微的美妙，虽然它很细微，但只要你有一双发现美的眼睛，就能在厄运中抓住人生前行的希望。如果你能留住心中“希望的种子”，你的前途必然无可限量，因为心存希望，任何艰难都不会成为我们的阻碍。只要怀抱希望，生命自然会激情绽放。

把自己活成一棵树

有个人一生碌碌无为，穷困潦倒。这天夜里，他实在没有活下去的勇气了，就来到一处悬崖边，准备跳崖自尽。

自尽前，他号啕大哭，细数自己遭遇的种种失败挫折。崖边岩石缝里长着一株低矮的树，听到他的经历后，也忍不住流下了泪水，跟着哭了起来。这个人见树流泪，就问：“难道你也有不幸？”

小树说：“我是这个世界上最苦命的树，生在岩石的缝隙间，食无土壤，渴无水源，终年营养不足；环境恶劣，让我枝干不得伸展，形貌生得丑陋；根基浅薄，又使我风来欲坠，寒来欲僵。看我似坚强无比，其实我是生不如死呀。”

人不禁与树同病相怜，就对树说：“既然如此，为何还要苟活于世，不如随我一同赴死吧！”

树说：“我死倒是极其容易，但这崖边便再无其他的树了，所以不能死呀。”人不解。树接着说：“你看到我头上这个鸟巢没有？此巢为两只喜鹊所筑，一直以来，它们在这巢里栖息生活，繁衍后代。我要是不在了，那两只喜鹊可怎么办呢？”

人听罢，忽有所悟，从悬崖边退了回去。

诚然，人应该为自己而活，但又不仅仅是为自己而活。再渺小、再低微的人，对于有的人来说也是一棵伟岸的树。

在生命的长河里，我们总会遇到来自自然的、人为的种种灾难，让我们承受了种种难以言表的痛苦，我们纵有千般不愿，但这就是现实。面对生命中残酷的现实，我们首先应该想到的是如何更好地活下去，如何让自己有限的生命呈现最大的价值。绝不能产生“死后一身轻，一了百了”的念头，因为，你活得再不好，对于你的父母、你的妻儿来说，也是一棵值得依靠的树。

所以，我们必须把自己活成一棵树，因为你同时也是被人依靠的一棵树。

人活着，可以有两种活法：一种像草，尽管活着，尽管每年还在成长，但毕竟就是棵草，吸收了阳光雨露，却一直长不大。谁都可以踩你，但他们不会因为你的痛苦而产生痛苦；他们不会因为你被踩了，而怜悯你，因为人们本身就没有看到你；另一种活法像树，即便我们现在什么都不是，但只要你有树的种子，即使你被踩到泥土中，你依然能够吸收泥土的养分，自己成长起来。当你长成参天大树以后，遥远的地方，人们就能看到你；走近你，你能给人一片绿色。活着是美丽的风景，死了依然是栋梁之材，活着死了都有用。这才是我们做人和成长的标准。

破罐子也别破摔

从人哭着来到这个世界，便注定了人的一生有苦辣酸甜，有爱恨情仇。不管是达官显贵，社会名流还是平头百姓，都逃脱不了幸福和伤心、坦途和困难、成功与失败的考验。但是人生经营得好，可以让快乐多一些，悲伤少一些；成功多一些，失败少一些；经验多一些，教训少一些；和谐多一些，问题少一些；阳光多一些，阴霾少一些；亲情多一些，冷漠少一些。此消彼长，人就是在和一切不好的东西的斗争中成长、成熟、成功。

这个世界确实不是到处都是美好、善良、公正、热情，也不是每一个人都能够种瓜得瓜、种豆得豆。就如天空是蓝色的，但是有时也会被黑云笼罩。但是，不管你受到了多么不公正的待遇，承受了多么大的压力，有了多么大的委屈，遭遇了多么大的挫折，什么时候都不要自暴自弃。

人，别破罐子破摔。

这家人不穷，可是家里的一只盛水的瓦罐，一用就是好多年，老爷子一直舍不得扔掉。一次，他儿子倒水，一不小心把瓦罐打在地上，瓦罐被摔出了一条长长的裂缝。他想，这下父亲该把瓦罐扔掉了吧。可是老爷子没有，而是把它好好地收了起来，说以后也许还能派上用场。

过了一段时间，老爷子在阳台上养了很多盆花，其中有一盆花长得特别艳丽。他儿子一看花盆，正是那只有裂缝的瓦罐。老爷子见儿子疑惑不解的样子，就说：“瓦罐有了裂缝，不能用来盛水，但用来养花最合适。花盆里的水一旦多了，就会顺着裂缝自动地渗透出来，使花盆不至于积水，花也就有了一个良好的生长环境，所以长出来的花也就比其他的更艳丽了。”

不幸摔破了的罐子，就像人生中的失误和失足，请你千万别“破罐子破摔”，只要用心珍惜，扬长避短，人生照样可以像花一样美丽。

说到这个故事，想起大学时代，寝室有个不成样子的花盆——灰褐色，盆口处还有明显的破损，皲裂的线条布满了整个花盆表面。大家本来是要把它扔掉的，不光是因为它占据有限的阳台空间，实在是摆在那里不太雅观，却被一个同学保留了下来。假期回来后，突然发现那个破盆——以前要被我们扔掉的那个，里面居然长着一朵小绿，那是一撮很不起眼的芦荟，但是它上面的水滴折射出晶莹剔透的光亮，发散出无穷的活力和生机。

所以说生活中的破罐子，千万别破罐子破摔，只要用对了地方，照样可以拥有鲜花和阳光，哪怕仅是一朵小绿！

每一个角色都要用心演出

这个世界有许多事情等着我们去做，有些是大事，有些是小事，不一定谁都能做成大事，也不一定谁都能把小事做好，但只要对我们的生活有益，我们就要努力去做。

当然，你不必一定成为别人希望的那样，但一定要成为最好的自己。你也不一定非要成为自己想象中的那样，但一定要在力所能及的情况下，成为最好的自己。

假如你做不了太阳，那就做一颗星星，但要尽量使自己明亮；假如你不能成为一棵大树，那就做一棵小树，但一定要成为溪边最好的那颗。成败不是你尺寸的大小，重要的是能够做一个最好的你。

让黛丝永远也忘不了的，是她上小学时母亲说过的一段话。

那是一次学校的文艺活动，她被选来扮演剧中的公主。然而连续两周，母亲不厌其烦地陪她一起练习台词，可她无论在家里表达得多么自如，一站到舞台上，瞬间就忘词了。

最后，老师只好对黛丝说，她为这出戏补写了一个道白者的角色，请她调换一下角色。虽然老师的话亲切婉转，但还是深深地刺痛了黛丝——尤其是看到自己的角色让给另一个女孩的时候。

那天回家吃午饭，黛丝没把这件事告诉母亲。然而，母亲却觉察到了她的不愉快，她没有再鼓励黛丝练台词，而是问她是否愿意到院子里走走。

那天的天气非常好，棚架上的蔷薇藤正泛出亮丽的新绿。黛丝无意中瞥见母亲在一棵蒲公英前弯下腰。“我想我得把这些杂草统统拔掉。”她说着，用力将它连根拔起，“从现在起，咱们这庭园里就只有蔷薇了。”

“可我喜欢蒲公英，”黛丝抗议道，“所有的花儿都是美丽的，哪怕是蒲公英！”

母亲表情严肃地打量着她。“对呀，每一朵花儿都以自己的风姿给人愉悦，不是吗？”她若有所思地说。

黛丝点点头，高兴于自己战胜了母亲。

“对人来说也是如此。”母亲又补充道，“不可能人人都当公主，但那并不值得羞愧。”黛丝想母亲猜到了自己的痛苦，她一边告诉母亲发生了什么事，一边失声哭泣起来。

母亲听后释然一笑。

“但是，你将成为一个出色的道白者。”母亲说，并提醒黛丝是如何爱朗读故事给自己听的，“道白者的角色跟公主的角色一样重要。”

人总是不能做到十全十美，我们不能全是船长，总要有人去当水手，最重要的，是我们能做好身边的事，努力扮演好生命中的那些角色，不愧对家人也不放弃事业。

没有什么能耽搁你的幸福

生活中总是这样，上天残酷地紧闭一道门的时候，只要你努力，就会悄悄地敞开另一扇窗，关键在于，你肯不肯去推开它，去迎接生命中的曙光。

在东北吉林省有一个袖珍姑娘，她出生时因为母亲难产患上了生长激素缺乏症，只有通过注射生长激素才能长高，但这种东西价格不菲，普通家庭根本承担不起，她的父母含着泪停止了她的治疗，后来，因为骨骺闭合，她的身高最终停留在了1.16米，但就算如此，也未能阻止她不断追逐自己梦想的高度。这个姑娘，心理上没有丝毫自卑，除了身高，你看不出她于正常人有什么两样，甚至，她比那些人高马大、四肢健全却一身软骨头瘫作烂泥的人，看上去还要高端大气上档次很多。

其实，一般袖珍人在成长过程中所遭遇的问题和困扰，她都经历过，只是她都能以乐观坚强的性格一一克服。

因为身高的原因，求学时她就遇到了很多困难，入学、升学、考试等各种问题，甚至大学都是站着上完的，但她仍然靠自己的努力顺利通过了英语专业八级的考试，并顺利毕业。

作为长春师范院校英语专业的学生，当老师是她最大的梦想，然而1.16米的身高注定了她与这份深爱的职业无缘。接下来的每一次招聘会，她都会被无情地伤害，尽管她的英语口语和文字都比较好，但用人单位只要一看到她的身高，就都会将她拒之门外。那时节，她家周围一些有残疾的、从事卖报纸、修汽车等工作的朋友曾想帮她找一份类似的工作，都被她婉言谢绝了，不是看不起这样的工作，只是她觉得放弃这么多年的所学，真的不甘心。她仍坚持着跑招聘会，后来，长春市一家制药企业终于被她坚强的信念所感动了，他们向她伸出了橄榄枝，与她签订协议聘请其担当英语翻译。

得到了稳定的工作，她开始有计划地去实现自己的梦想，她的梦想有很多，大多与袖珍人有关。这个坚强且博爱的姑娘深知自己的遗憾已经无法弥补，但她不想让更多的袖珍人再留下遗憾，于是经过不懈的努力，“全国矮小人士联谊会”在她的推动下成立了，该组织目前已在全国各地初具规模，在收获事业的同时，她也在联谊会里收获了自己的爱情。

2011年，这个袖珍姑娘身穿白纱挽着自己的爱人步入了神圣的婚姻殿堂，这在早些年甚至是她从没想到能够实现的梦想。

婚礼上，30多名苏浙沪的袖珍人带着对这对新人的祝福来到现场。“我们也希望能像他们一样幸福，找到可以相伴一生的人！”多名“袖珍姑娘”沉浸在喜悦中。婚礼现场更感人的一幕是，来自全国各地的99名袖珍朋友隔空发来了对新人的祝福视频。从“中国达人秀”走出来的“袖珍明星”朱洁和秦学仕也来到现场，献上了一曲《甜蜜蜜》，祝福新人婚姻甜蜜，生活美满。中国红十字基金会项目管理部副部长周魁庆代表中国红基会赠送了礼物，更带来“成长天使基金”的“爱心天使”佟大为、关悦的视频祝福。

这个全国知名的袖珍才女叫作逯家蕊，她的微博标签是“袖珍女孩、水晶人生”。

我们追求美，我们追求完美。然而，那断臂的维纳斯令我们心醉，那种因残缺而更显美丽的魅力震撼人心。

一个人，即使深有残疾，也不应该失去意志，应该更努力去实现人生的价值。一个人，只有心里的火焰被点燃，才能实现自己人生的意义，如果消沉，放任自流，那无疑是令自己有缺憾的生命雪上加霜。今生，不论你能走多远，不论生命给你的是馈赠还是缺憾，请爱你的心灵，别让它沾染人世的黑暗，别让它因为受苦而不再充满活力。

许多事你无力回天，许多缺失你无法挽回，但自卑、自怜无济于事。你唯一能让自己解脱的，是选择爱自己的心灵，让你的心完美。也许你没有财富，也许你没有幸福的家庭，也许你没有美丽的容颜，也许你天生就有残疾，但是，谁说你不能令自己快乐呢？

辑七　由己

为了自己，选择有态度地活着

有态度地活着，那是一种美好。每个人都想要活得快乐、随性、自由，但我们却经常把自己的人生交给别人操纵，而把真正的自己遗忘在角落。一个人的时候，好好问问自己：“你想要的究竟是什么？”

相信自己的直觉

很多人，从小就被父母构建的牢笼困住了，父母一直是这样告诉我们的：男人要成功，要挣大钱，出人头地、衣锦还乡；女人要找个好归宿，做个好妻子、好妈妈、好儿媳，贤惠端庄、相夫教子。这本没有什么不妥，只是我们因此习惯性地被“父母之命”锁死，因而从填写高考志愿到找工作、从谈恋爱到结婚，几乎都在看着父母脸色。由此可能带来的后果是：你一直在从事着一项自己并不喜欢的工作，枯燥无味；你嫁或娶了一个自己并不想嫁娶的人，同床异梦。当然，还有更多，你可能习惯了由别人替你做主，无论是你的父母还是爱人、上司、同事、朋友，甚至有可能是你的孩子。可是，人生是你自己的，道路也是你自己的，怎样走应该是你自己的事，如果你把决定权交给了别人，就等于放弃了对人生的控制，这不但愚蠢，而且还是很危险的事情。

那时，她还是小女孩。有一次母亲带她一起整理鞋柜，鞋柜里脏乱不堪，有的鞋子已经变形和开裂得丑陋不堪，尤其是父亲的那双鞋，还散发着一种难闻的汗臭味，她便建议母亲扔掉那些鞋子。可母亲抚摸一下她的头发，说：“傻丫头，这些鞋都是有特殊意义的。”随后，母亲拿起一双浅口红皮鞋，满脸的幸福和温情，回忆起和她父亲的相识：

“17岁那年，我遇到你父亲，拿不定主意是否嫁给他，我的母亲说，那就要他给你买双鞋吧，从男人买什么样的鞋就能看出他的为人。我有点不相信，直到他将这双红皮鞋送到我跟前。母亲说，红色代表火热，浅口软皮代表舒适，半高跟代表稳重，昂贵的鳄鱼皮代表他的忠诚，放心吧，这是一个真爱你的男人。”

从那以后，她开始珍惜父母送给她的每一双鞋子，当她成为拉普拉塔大学法律系的一名学生时，她已经收藏了好多双不同款式的高跟鞋。而法律系有一个来自南方的青年，英俊潇洒，口才超群，悄然地走入她这位怀春少女的心田，终于在大三时两人捅破了相隔的那层纸，将同窗关系发展为恋爱关系。她陶醉在甜蜜的爱情之中，被这火热的感情所鼓舞，于是带着如意情郎去见父母。母亲对这个邮政工人的儿子能否给女儿的未来带来幸福表示怀疑，侧在女儿耳边轻轻对女儿说：“让他给你买双鞋看看吧！”她觉得是个好主意，就照办了。

然而，傻乎乎的情郎不知是测试，想既然是为恋人买鞋就得尊重她的意见，硬拖着屡次推却的情人一起去。然而买鞋那天，平时喜欢滔滔宏论的她始终一声不吭，结果两人逛了大半天都毫无所获。最后，他们来到一家欧洲品牌鞋店，有两双白色皮鞋看上去不错，他知道意中人喜欢白色，于是柔声问她：“你想要高跟的，还是平跟的？”她心不在焉地随口答道：“我拿不定主意，你看哪双好呢？”他略加思索后，说：“那就等你想好了再来吧！”于是，他拉着快快不乐的她，离开了。

几天后，他非常认真地问她：“想好买哪双了吗？”她依然是漠不关心地说没有。熬着，熬着，这“木头”情郎终于“开窍”了，说出了她斯待已久的话：“那就只好让我替你做主了！”她兴奋地等待了3天，终于等到了他的礼物，不过他吩咐她不要当面打开。

晚上，她将鞋盒抱回家，和母亲一起怀着激动的心情将礼物打开，出现在眼前的两只鞋居然是一只高跟一只平跟。她气得脸色发青，恨恨地咬着牙齿，之后蒙在被子里号啕大哭起来。她的父亲也勃然大怒，“明天约他来吃晚餐，看他如何解释，我女儿可不是跛子！”

第二天，他应邀登门，面对质问，却不慌不忙地说：“我想告诉我心爱的人，自己的事情要自己拿主意，当别人做出错误的决定时，受害者就会是你自己！”随后，他从包里拿出另外两只一高一矮的鞋子，说：“以后你可以穿平跟鞋去看足球，穿高跟鞋去看电影。”父亲在女儿的耳边悄声而激动地说：“嫁给他！”

“木头”情郎叫费尔兰多·基什内尔，2003年当选为阿根廷总统，而她就是第一夫人克里斯蒂娜·赞尔兰。2007年12月10日，克里斯蒂娜从卸任阿根廷总统的丈夫手中接过象征总统权力的权杖，成为阿根廷历史上第一位民选女总统，他们夫妇交接总统权杖，成为现代历史上第一例。

不要总是让别人替你做主，包括你的父母，因为一旦你为别人的看法所左右时，你已沦为别人的奴隶。永远只作自己的主人，这样才能做到自尊自爱。

当现实需要考验你内心的智慧时，记住：一定要去尝试自己想要尝试的东西。相信自己的直觉，不要让别人的答案扰乱你的计划。如果自己感觉很好，就跟着感觉走吧，否则你永远不会知道结局有多么美好。不要让别人的议论淹没你内心的声音，你的想法，和你的直觉。因为它们已经知道你的梦想，别的一切都是次要的。

你不一定要“听话”

曾经有一支德国的小分队在训练，队长说了“起步走”之后，由于一些事情耽搁，没有发出“立定”的命令，士兵们行进的方向恰好是一条河，在队长想起这件事情的时候，他的士兵们全部走进了河里！

德国人的纪律性天下闻名，不过这个故事的真实性还有待考证，当然，对于军队，纪律的绝对服从也确有其特殊的必要性，但是这并不意味着，听话就是正确的。

有一名中文系的学生，用心撰写了一篇小说，请作家批评。因为作家正患眼疾，学生便将作品读给作家听。读到最后一个字，学生停顿下来。作家问道：“结束了吗？”听语气似乎意犹未尽，渴望下文。这一追问，煽起学生的激情，立刻灵感喷发，马上接续道：“没有啊，下部分更精彩。”他以自己都难以置信的构思叙述下去。

到达一个段落，作家又似乎难以割舍地问：“结束了吗？”

小说一定摄魂勾魄，叫人欲罢不能！学生更兴奋，更激昂，更富于创作激情。他不可遏止地一而再再而三地接续、接续……最后，电话铃声骤然响起，打断了学生的思绪。电话找作家，有急事。作家匆匆准备出门。

“那么，没读完的小说呢？”学生问。

“其实你的小说早就该收笔了，在我第一次询问你是否结束的时候，就应该结束。何必画蛇添足、狗尾续貂呢？该停则止，看来，你还没把握情节脉络，尤其是缺少决断。决断是当作家的根本，否则，绵延逶迤，拖泥带水，如何打动读者？”

学生追悔莫及，自认性格过于受外界左右，难以把握作品，恐不是当作家的料。

很久以后，这名年轻人遇到另一位作家，羞愧地谈及往事，谁知作家惊呼：“你的反应如此迅捷、思维如此敏锐、编造故事的能力如此强盛，这些正是成为作家的天赋呀！假如正确运用，作品一定脱颖而出。”

两位作家，究竟谁说的是对的呢？其实，凡事没有一定之论，谁的“意见”都可以参考，但永远不要丢失自己的“主见”，不要让他人的话成为自己前进的障碍。

如果遵照家里的安排，波伏娃很可能就是一个中产阶级主妇，像她妈妈一样遭遇中年危机，可能老公会出轨，然后把所有怨恨都倾泻给孩子，而不再有机会成为巴黎高师的第二名——第一名是她后来的伴侣萨特。

如果按照长辈的轨迹生活，乔治桑应该在偌大的庄园里默默成长，嫁给和他爸爸差不多的另一个男爵，过着平顺的日子，而法国将不再有第一个穿长靴马裤出没文学沙龙自己养活自己的异彩女作家。

如果听从父母的意见，相亲嫁人，费雯丽或许只是著名律师霍夫曼的漂亮老婆，不会在亚特兰大熊熊的烈火中闪耀郝思嘉的绿色猫眼，登上奥斯卡领奖台。

甚至，如果按照家里的安排，刘德华应该还叫刘福荣，周润发应该还叫“细狗”，现在可能都是香港热闹狭窄的街道上两鬓微白的中年人。

很多人正是因为接受了自己的意见，才走上了与众不同的道路，虽然未必是坦途，却用自己的方式独立思考未来，充满惊喜和进步，活出了另一片天地。

多年前，在日本福冈县立初中的一间教室里，美术老师正在组织一场绘画比赛，同学们都在认真地按照要求画着画，只有一个小家伙缩在教室的最后一排。他实在不喜欢老师定的命题，于是便信手涂鸦起来。

到了上交作品的时间了，老师看着一张张作品，不住地点头，他深为自己的教育成果感到满意，作品里已经有了学生们自己的领悟，可以说，是对日本传统画作的继承和发展。

但唯有一张画让他大跌眼镜，作者是个叫臼井的家伙，老师的目光从画作上移到了最后一排，接着看见这个名不见经传、有些另类却又有些特立独行的家伙在冲着他冷笑。

他大声怒斥起来："臼井，你知道你画的是什么吗？简直是在糟蹋艺术。"

小家伙闻听此言，吓得将脑袋垂了下来，老师接下来让大家轮流传看臼井的作品，他用红笔在作品的后面打了无数个"叉叉"，意思是说这部作品坏到了极点。

他画的是一幅漫画，一个小家伙，正站在地平线上撒尿，如此的不合时宜，如此的不伦不类。

这个叫臼井的家伙一夜出了坏名，学生们都知道了关于他的"光荣事迹"。

这一度打消了他继续画画的积极性，他天生不喜欢那些中规中矩的传统作品，他喜欢信手胡来、一气呵成，让人看了有些不解，却又无法对他横加指责。

在老师的管制下，他开始沿着正统的道路发展，但他在这方面的悟性实在太差了。

期末考试时，他的美术考了个倒数第一名，老师认为他拖了自己班的后腿，命令他的家长带着他离开学校。

他辍了学，连最起码的受教育的权利也被剥夺了，于是，他开始了流浪生涯，不喜欢被束缚的他整日里与苍山为伍，与地平线为伴，这更加剧了他的狂妄不羁。

那一年春天，《漫画 ACTION》杂志上发表了《不良百货商场》的漫画作品，里面的小人物不拘一格，让人忍俊不禁，看了爱不释手。作品一上市，居然引起了强烈的反响，受到长久束缚的日本人在生活方式上得到了一次新的启发，他们喜欢这样的作品。

又一年，一部叫《蜡笔小新》的漫画风靡开来，漫画中的小新生性顽皮，做了许多孩子愿意做却不敢做的事情，典型的无厘头却得到了意想不到的结果，被拍成动画片后，所有人都记住了小新，以至于不得不加拍了连载。

臼井仪人，这个天生邪气逼人的漫画家，注定不会走传统的老路，如果他仍然沿着美术老师为自己铺好的道路发展，恐怕这世上不会有蜡笔小新的诞生。

关于你的未来，只有你自己才知道。既然解释不清，那就不要去解释。没有人在意你的青春，也别让别人左右了你的青春。想要成为一个真正的人，首先必须是个不盲从的人。你心灵的完整性是不容侵犯的，当我们放弃自己的立场，而想用别人的观点去看一件事的时候，错误便造成了！一个人，只要认为自己的立场和观点正确，就要勇于坚持下去，而不必在乎别人如何去评价。

如果我们真的成熟了，就不要再怯懦地到避难所里去顺应环境；我们不必藏在人群当中，不敢把自己的独特性表现出来；我们不必盲目顺从他人的思想，而是凡事有自己的观点与主张。坚持一项并不被人支持的原则，或不随便迁就一项普遍为人支持的原则，固然不易，但是只要你做了，就一定会赢得别人的尊重，体现出自己的价值。

别试图让所有人都喜欢

人的本性趋向于寻求他人的赞美和肯定，尤其对于有威望或有控制力的对象（如父母、老师、上司、名人名流等），他们的赞美肯定更加重要。取悦者会沉迷于取悦行为所换得的肯定，这很好解释，如果某件事让人有了愉悦的体会，那他就可能持续做这件事，以便继续维持这种美好的感觉。

但，我们得到的感觉其实并不美好。

著名艺人宋丹丹，对于取悦别人与取悦自己有正反两方面的深刻体会。她说："过去我总是不遗余力地想使自己符合男人的标准，'我够好吧'成了口头禅，但常常感到被轻视。现在我会说：'这就是我！'却得到前所未有的尊重。自尊，才是最具魅力的品质。"

为了取悦别人而活着，最终必会丧失真正的自己。只有先取悦自己，做最好的自己，然后才能得到他人的喜欢和尊敬。

一位诗人他写了不少的诗，也有了一定的名气，可是，他还有相当一部分诗却没有发表出来，也无人欣赏。为此，诗人很苦恼。

诗人有位朋友，是位禅师。这天，诗人向禅师诉说了自己的苦恼。禅师笑了，指着窗外一株茂盛的植物说："你看，那是什么花？"诗人看了一眼植物说："夜来香。"禅师说："对，这夜来香只在夜晚开放，所以大家才叫它夜来香。那你知道，夜来香为什么不在白天开花，而在夜晚开花呢？"诗人看了看禅师，摇了摇头。

禅师笑着说："夜晚开花，并无人注意，它开花，只为了取悦自己！"诗人吃了一惊，"取悦自己？"禅师笑道："白天开放的花，都是为了引人注目，得到他人的赞赏。而这夜来香，在无人欣赏的情况下，依然开放自己，芳香自己，它只是为了让自己快乐。一个人，难道还不如一种植物？"

禅师看了看诗人又说："许多人，总是把自己快乐的钥匙交给别人，自己所做的一切，都是在做给别人看，让别人来赞赏，仿佛只有这样才能快乐起来。其实，许多时候，我们应该为自己做事。"诗人笑了，他说："我懂了。一个人，不是活给别人看的，而是为自己而活，要做一个有意义的自己。"

禅师笑着点了点头，又说："一个人，只有取悦自己，才能不放弃自己；只有取悦了自己，才能提升自己；只有取悦了自己，才能影响他人。要知道，夜来香夜晚开放，可我们许多人，却都是枕着它的芳香入梦的啊。"

人，如果总是忙着取悦别人，去为别人的期望而生活，就会忽视自己的生活，忽视自己到底喜欢什么、到底想要什么、到底需要什么。最后，已经忽视了自己的存在。可是，你拥有自己的人生，这是你的一项权利，你为什么要放弃？你对自我的放弃，能换来的其实只是更多的蔑视和鄙夷。

所以，别老想着取悦别人，你越在乎别人，就越卑微。只有取悦自己，并让别人来取悦你，才会令你更有价值。一辈子不长，记住：对自己好一点。

你只需要做好你自己

听取和尊重别人的意见固然重要，但无论何时不要人云亦云，做别人意见的傀儡，否则不但会在左右摇摆不知所往中身心疲惫，失去许多可贵的机会，而且还会丢失自己。

有个男人一心想升官发财，可是从年轻熬到白头，却还只是个小职员。这个人为此极不快乐，每次想起来都要落泪。

一位新同事觉得很奇怪，便问他到底为什么难过。他说："我怎么能不难过？年轻的时候，我的上司爱好文学，我就学着作诗、学写文章，想不到刚觉得有点小成绩了，却又换了一位爱好科学的上司。我赶紧又改学数学、研究物理，不料上司嫌我学历太低，不够老成，还是不重用我。后来换了现在这位上司，我自认文武兼备，人也老成了，谁知上司又喜欢青年才俊，我……我眼看年龄渐高，就要退休了，一事无成，怎能不难过？"

活着应该是为了充实自己，而不是为了迎合别人的看法。没有自我的人，总是考虑别人的看法，这是在为别人而活着，所以活得很累。当然，我们绝无可能孤立地生活在这个世界上，几乎所有的知识和信息都要来自别人的教育和环境的影响，但你怎样接受、理解和加工、组合，是属于你个人的事情，这一切都要独立自主地去看待、去选择。谁是最高仲裁者？不是别人，而是你自己！歌德说："每个人都应该坚持走为自己开辟的道路，不被流言所吓倒，不受他人的观点所牵制。"让人人都对自己满意，这是个不切实际、应当放弃的期望。

我们周围的世界是错综复杂的，我们所面对的人和事总是多方面、多角度、多层次的。我们每个人都生活在自己所感知的经验现实中，别人对你的反映大多有其一定的原因和道理，但不可能完全反映你的本来面目和完整形象。别人对你的反映或许是多棱镜，甚至有可能是让你扭曲变形的哈哈镜，你怎么能期望让别人都满意呢？

如果你期望人人都对你看着顺眼、感到满意，你必然会要求自己面面俱到。不论你怎么认真努力，去尽量适应他人，能做得完美无缺，让人人都满意吗？显然不可能！这种不切实际的期望，只会让你背上一个沉重的包袱，顾虑重重，活得太累。

我们无法改变别人的看法，能改变的仅是我们自己。每个人都有每个人的想法，每个人都有每个人的看法，不可能强求统一。我们应该把主要精力放在踏踏实实做人上、兢兢业业做事上、刻苦学习上。改变别人的看法总是艰难的，改变自己总是容易的。

有时自己改变了，也能恰当地改变别人的看法。光在乎别人随意的评价，自己不努力自强，人生就会苦海无边。

认可，并不是求来的

一个人活在别人的价值观里就会变得虚荣，因为太在意别人的看法就会失去自我。每个人都应当为自己而活，追求自我价值的实现以及自我的珍惜。如果你追求的幸福是处处参照他人的模式，那么你的一生都会悲惨地活在他人的价值观里。

意大利著名诗人但丁曾经说过："走自己的路，让别人说去吧！"是的，在人生这条路上，不要太在意别人的看法，你管他别人怎么说！只要自己认定是对的，大可义无反顾地走下去。

有一天下午，苏菲正在弹钢琴时，7岁的儿子走了进来。他听了一会儿说："妈，你弹得不怎么高明吧？"

不错，是不怎么高明。任何认真学琴的人听到她的演奏都会退避三舍，不过苏菲并不在乎。多年来苏菲一直这样不高明地弹，但弹得很高兴。

苏菲也喜欢不高明地唱歌和不高明地绘画。从前还自得其乐于不高明地缝纫，后来做久了终于做得不错了。苏菲在这些方面的能力不强，但她不以为耻。因为她不愿意活在别人的价值观里，她认为自己有一两样东西做得不错。

“啊，你开始织毛衣了，”一位朋友对苏菲说，“让我来教你用卷线织法和立体织法来织一件别致的开襟毛衣，织出十二只小鹿在襟前跳跃的图案。我给女儿织过这样一件。毛线是我自己染的。”苏菲心想，我为什么要找这么多麻烦？做这件事只不过是为了使自己感到快乐，并不是要给别人看以取悦别人。直到现在为止，苏菲看着自己正在编织的黄色围巾每星期加长五至六厘米时，还是自得其乐。

从苏菲的经历中不难看出，她生活得很幸福，而这种幸福的获得正是在于她做到了不是为了向他人证明自己是优秀的，而有意识地去索取别人的认可。改变自己一向坚持的立场去追求别人的认可，并不能获得真正的幸福，这样一条简单的道理并非人人都能在内心接受它，并按照这条道理去生活。因为人们总是认为，那种成功者所享受到的幸福，就在于他们得到了这个世界大多数人的认可。

其实，获得幸福的最有效的方式就是不为别人而活，不让别人的价值观影响自己，就是避免去追逐它，就是不向每个人去要求它。通过和你自己紧紧相连，通过把你积极的自我形象当作你的顾问，通过这些，你就能得到更多的认可。

过度迁就，就是自虐

佳丽没有别的毛病，就是天生的耳根子软，别人说什么她听什么，大家背地里都戏称她为“应声虫”。比如说中午订餐，同事问佳丽吃什么，她犹犹豫豫地想了一会儿说：“吃扬州炒饭吧！”同事一听，“扬州炒饭有什么好吃的，就要鱼香肉丝盖饭吧！”佳丽赶紧点头，“行，行，行！”不但生活中这样，工作中也是这样，她从来也提不出什么像样的意见，什么事都听人家的，所以单位里开会时，佳丽永远是坐在角落里发呆的那一个。像她这样，又怎能得到老板的重视呢？

办事没有原则，有时就表现为一味地迁就、顺从别人。由于自己没有立场，所以很容易被他们所诱惑或利用。迁就别人，表面看来是和善之举，但实际上则是软弱的表现。软弱到一定程度，就会逐渐失去自信力，而没有自信力的人是很难成就什么大事业的。有时，性格上的自卑和懦弱，也表现为没有自己的立场和观点。自卑，就会觉得处处不如别人，怯懦则往往会导致卑微。时时看着别人的脸色行事，怎么能走自己的路呢？其实，我们做人根本无需这样。

要知道，凡事都要有个度，不能过度，否则就是没有原则。什么事情没有原则，只会带来不良后果，而不会有什么好的结局。

一个人出门去旅行，走啊走，走得脚都起泡了。腿开始大声向主人抗议："停下来！为什么受累的只有我，你为什么不试试让手走路？""可是手本来就不是用来走路的呀！"主人为难地说，但在腿的坚持下，他只好趴在地上，用手艰难地往前走，不一会儿手就磨破了，手也朝主人发起火来，正在这时，一个骑着马的人从后面赶来，看到走路人的窘状，就说：愿意把马让给路人骑，但希望路人送他一条腿，那个人本来坚决不同意，但在手和脚的怂恿下，他还是割了一条腿，当然从此以后他再也不能从马上下来走路了。

人总要有自己的原则、自己的立场，不能只一味迁就别人，一点主见也没有。这里的原则既包括办事的方法，也包括日常生活中为人处世的立场、原则，少了哪个都会给你带来困难，并将影响你的生活。

著名漫画家蔡志忠先生讲过这样一句话："每块木头都是一座佛，只要有人去掉多余的部分；每个人都是完美的，只要除掉缺点和瑕疵。"正是如此，每个人都有他自己的长处，为什么非要去迎合别人的口味呢？

人若想主宰自己的生活、主宰自己的事业，就要在做事之前多动动脑筋，不要轻易听从他人的意见，要有自己的一套规则。这样做，有时会使你收到意想不到的效果。

忽略生命中那些喝倒彩的人

人生就是一场比赛，在冲向终点的过程中，难免有人会将你打压、向你喝倒彩。你是想要成功还是想要平凡无为？倘若有人对你说“停下吧，你的目标无法实现”，你又该如何应对？

几只蛤蟆在进行“田径比赛”，终点是一座高塔的顶端，周围有一大群蛤蟆前来观战。

比赛刚开始不久，观众便大声议论起来：“真不知道它们是怎样想的，做这种不现实的事情，它们怎么能蹦到塔顶呢？简直是天方夜谭！”

过了不久，观众们开始为蛤蟆选手们喝倒彩：“喂，你们还是停下来吧！这场比赛根本不现实，这是不可能达到的目标！”

陆续地，蛤蟆选手们一一被说服，它们退却了，停了下来。然而，却有一只蛤蟆始终不为所动，一往无前地向前……向前……

比赛结果，其他蛤蟆选手全部半途而废，唯有那只蛤蟆以惊人的毅力完成了比赛。所有蛤蟆都很好奇——为什么它有这么强的毅力呢？这时它们才发现，原来它是一只聋蛤蟆。

别人的评价，不能够成为你行动的基准，如此一来，还有什么自我可言？有些时候，我们索性就让自己做一只“聋蛤蟆”吧！这样，你反而会收获更多。

英国剑桥郡的世界第一名女性打击乐独奏家伊芙琳·格兰妮说："从一开始我就决定：一定不要让其他人的观点阻挡我成为一名音乐家的热情。"

她出生在苏格兰东北部的一个农场，从8岁时她就开始学习钢琴。随着年龄的增长，她对音乐的热情与日俱增。但不幸的是，她的听力却在渐渐地下降，医生们断定是由于难以康复的神经损伤造成的，而且断定到12岁，她将彻底耳聋。可是，她对音乐的热爱却从未停止过。

她的目标是成为打击乐独奏家，虽然当时并没有这么一种音乐家。为了演奏，她学会了用自己特有的方式来感受其他人演奏的音乐。她不穿鞋，只穿着长袜演奏，这样她就能通过她的身体和想象感觉到每个音符的震动，她几乎用她所有的感官来感受着她的整个声乐世界。

她决心成为一名音乐家，而不是一名聋的音乐家，于是她向伦敦著名的皇家音乐学院提出了申请。

因为之前从来没有一个聋学生提出过申请，所以一些老师反对接收她入学。但是她的演奏征服了所有的老师，顺利地入了学，并在毕业时荣获了学院的最高荣誉奖。

从那以后，她的目标就致力于成为一位出色的专职的打击乐独奏家，并且为打击乐独奏谱写和改编了很多乐谱，因为那时几乎没有专为打击乐而谱写的乐谱。

至今，她已经成为一位出色的专职打击乐独奏家了，因为她很早就下了决心，不会仅仅由于医生诊断她完全变聋而放弃追求，因为医生的诊断并不能阻止她对音乐执着的热爱与追求。

事实证明：伊芙琳·格兰妮的选择是正确的。如果她是个软弱的人，只是听从医生给她下的结论而不与命运去抗争，那样她的音乐才华不仅泯灭了，人类历史上也会少了一个著名的打击乐演奏家。

人生难免会遇到这种情况，很多时候，旁观者会对你做出主观评价，以她们的视角来审视你的人生。于是，往往会对你做出不公正的“宣判”。这时，请不要在意别人的看法，做你自己、做你自己该做的选择，画出你自己的人生色彩！

有人泼冷水，让他泼去吧

心爱的东西不见了，可以再去买；钱花光了，可以再赚回来；唯独梦想若是被偷走了，就难以再寻觅回来。但除非你愿意，否则没有人可以偷走你的梦想。

一个23岁的女孩子，除了爱想象之外，与别人相比没有什么不同，平常的父母，平常的相貌，上的也是平常的大学。

大学的宽松环境让她有了更多的时间去想象，她的脑海中常会出现童话中的情景：穿着白衣裙的芭比娃娃、蔚蓝的天空、绿绿的草地。当然，还有巫婆和魔鬼……他们之间有着许多离奇的故事，她常常动手把这些故事写下来，并且乐此不疲。

在大学里，她爱上了一个男孩，他的举止和言谈真的和童话里的王子一样，他是她想象中的“白马王子”，她很爱他。但是，他却受不了她的脑海中那荒唐的不切实际的想法。她会在约会的时候突然给他讲述一个刚刚想到的童话，他烦透了这样“幼稚”的故事。他对她说：“天啊，你已经23岁了，但你看来永远都长不大。”之后，他弃她而去。

失恋的打击并没有停止她的梦想和写作。25岁那年，她带着改变生活环境的想法，来到了她向往的具有浪漫色彩的葡萄牙。在那里，她很快找到了一份英语教师的工作，业余时间继续写她的童话。

一位青年记者很快走进了她的生活，青年记者幽默、风趣而且才华横溢。她爱上了他，他们很快步入了婚姻的殿堂。但她的奇思异想让他也无法忍受，他开始和其他姑娘来往。不久，他们的婚姻走到了尽头，他留给她一个女儿。

她经受了生命中最沉重的一击。祸不单行的是离婚不久，她又被学校解聘了。无法在葡萄牙立足的她只得回到了自己的故乡，靠社会救济金和亲友的资助生活。但她还是没有停止她的写作，现在她的要求很低，只是把这些童话故事讲给女儿听。

终于有一次，她在英格兰乘地铁，她坐在冰冷的椅子上等晚点的地铁到来，一个人物造型突然涌上心头。回到家，她铺开稿纸，多年的生活阅历让她的创作热情一发不可收拾。

她的长篇魔幻故事《哈利·波特》问世了，并不看好这本书的出版商出版了这本书，没想到，书一上市就畅销全国，达到了数百万册之巨，所有人都为此感到吃惊。

她的名字叫乔安娜·凯瑟琳·罗琳，她被评为“英国在职妇女收入榜”之首，被美国著名的《福布斯》杂志列入“100名全球最有权力的名人”，名列第25位。

每个人都会有想象，但想象最终总被岁月无情地夺去，只留下苍白而又简单的色彩。在这个世俗而又讲求物质的社会中，人们总是认为梦想与成功之间的距离遥不可及。其实并不是如此，成功与失败的分水岭其实就是能否把自己的想象坚持到底。

埃及流传的一个古老传说，正好印证了这个说法。有个开罗人，一天到晚想发财，希望能突然得到一笔巨款。有一夜，他梦见从水里冒出一个人，浑身湿淋淋的，一张嘴，吐出一个金币，并且对开罗人说："你想发财吗？有成千上万的金币正等着你呢。"开罗人急着问："在哪里？在哪里？我想发财想得快发疯了。"

"好，"那吐金币的人说，"想发财，你就得去伊斯法罕，只有到那里才能找到金币。"说完人就不见了。

开罗人醒过来，辗转反侧，再也睡不着了。"天哪！伊斯法罕远在波斯啊，我到底去不去呢？那里有几千里之遥啊，我必须穿越阿拉伯半岛，经波斯湾，再攀上扎格罗斯山，才到得了那山巅之城。"开罗人想，"我可能会死在半路，但是不去，我这辈子大概就发不了财了。"去，他不见得一定能发财，谁能相信梦里的事？但是不去，他必定会后悔。

经过几天的内心挣扎，开罗人还是决定冒险。他千里跋涉，历经了许多艰难险阻，终于风尘仆仆地到达了"山巅之城"伊斯法罕。

可是他的辛苦得到了什么样的回报呢？伊斯法罕不但穷困，而且正闹土匪，开罗人随身带的一点值钱的东西都被土匪抢走了。

当地的警卫总算把土匪赶跑，发现了奄奄一息的开罗人，喂他吃东西、喝水，把他救活了。

"听口音，你不是本地人？"一个警卫说。"我从开罗来。""什么？开罗？你从那么远，那么富有的城市，到我们这鸟不生蛋的伊斯法罕来干什么？”“因为我梦见神对我启示，到这里来可以找到成千上万的金币。”开罗人坦白地说。

警卫大笑了起来，“为了这个？笑死我了，我也常做梦，梦到我在开罗有个房子，后院有七棵无花果树和一个日晷，日晷旁边有个水池，池底藏着好多金币呢！你真是疯了！快滚回你的开罗吧，别到伊斯法罕来说梦话了！”

开罗人衣衫褴褛，一无所有地回到了开罗，邻居看他的可怜相，都笑他疯了。但是，回家没几天，他竟成为开罗最有钱的人。因为那警卫说的七棵无花果树和水池，正在他家的后院。他在水池底下，挖出了成千上万的金币。

只要你紧握住梦想，就不用怕别人的冷嘲热讽，因为他们无法再次偷走你的梦想。而所有偷梦者泼向你的冷水，正足以灌溉你梦想的种子，使之茁壮成长为大树。你应感谢他们给你的冷水，真心地感恩，因为待你梦想成真之后，你将与他们分享。

小心维护本真的心境

“兰生幽谷，不为莫服而不芳；舟在江海，不为莫乘而不浮。”生命是自己的，无需因为没有别人的赏识，而刻意将自己改造成别人喜欢的模样。曲意逢迎，苦的最终还是自己。人，只有活得真实才能活得踏实。海市蜃楼再壮观，总会消失的。如果背叛了生命的真实，戴着最虚伪的面具活着，总会有一种空度一生的感觉袭来，敏感的灵魂总能预见到深刻的困境。

莫莉太太从小就特别敏感而腼腆，她的身体一直很胖，而她的一张脸使她看起来比实际上还胖得多。莫莉有一个很古板的母亲，她认为把衣服弄得漂亮是一件很愚蠢的事情。她总是对莫莉说："宽衣好穿，窄衣易破。"而母亲总照这句话来帮莫莉穿衣服。所以，莫莉从小就习惯于把自己包裹在肥大的衣服里，也越来越觉得自己肥胖丑陋。她变得非常自卑。莫莉从来不和其他的孩子一起做室外活动，甚至不上体育课。她非常害羞，觉得自己和其他的人都"不一样"，完全不讨人喜欢。

长大之后，莫莉嫁给一个比她大好几岁的男人，可是她并没有改变。她丈夫一家人都很好。莫莉尽最大的努力要像他们一样，可是她做不到。他们为了使莫莉开朗而做的每一件事情，都只是令她更退缩到她的壳里去。莫莉变得紧张不安，躲开了所有的朋友，情形坏到甚至怕听到门铃响。莫莉知道自己是一个失败者，又怕她的丈夫会发现这一点，所以每次他们出现在公共场合的时候，她都假装很开心，结果常常做得太过分。事后，莫莉会为此难过好几天。最后不开心到使她觉得再活下去也没有什么道理了，莫莉开始想自杀。

后来，是什么改变了这个不快乐的女人的生活呢？只是一句随口说出的话。

有一天，她的婆婆正在谈怎么教养她的几个孩子，她说："不管事情怎么样，我总会要求他们保持本色。"

"保持本色！"就是这句话！在那一刹那，莫莉才发现自己之所以那么苦恼，就是因为她一直在试着让自己适应一个并不适合自己的模式。

莫莉后来回忆道：“在一夜之间我整个改变了，我开始保持本色。我试着研究我自己的个性、自己的优点，尽我所能去学色彩和服饰知识，尽量以适合我的方式去穿衣服，主动地去交朋友。我参加了一个社团组织——起先是一个很小的社团——他们让我参加活动，把我吓坏了。可是我每发过一次言，就增加了一点勇气。今天我所有的快乐，是我从来没有想过可能得到的。在教养我自己的孩子时，我也总是把我从痛苦的经验中所学到的结果教给他们：‘不管事情怎么样，总要保持本色。’”

芸芸众生，唯有个性派生出的本真，才会营造美。也许我们并不能让所有人满意，但至少我们可以让自己满意。只要我们有那份安然与恬静的坚守，就可以不去惊扰别人，也不让别人纷扰自己。

辑八　从容

人生最曼妙的风景，就是内心的淡定

我们的人生，就是一场红尘炼心的修行。从容，能让我们坦然面对一切苦难。这个世界，与命运进行的最强大的抗争，不是打到筋疲力尽，而是活得淡定从容。不狂喜，亦不痛苦，碧海无波，细水长流，享受生命每一刻的喜悦，那么我们即使不死，也在天堂。

你的孤独，虽败犹荣

每一个成功的人，他的身后都有一部奋斗史和一部辛酸史，有了奋斗史和辛酸史作铺垫，才能创造出一部成功史。他们所走的路不是平坦大道，每一步都充满着曲折和坷坎。所有的成功也好，辉煌也罢，都是在艰辛与寂寞中开始的。

人生就是一个过程，如果你追求的是结果，那么人生下来就意味着死亡，这样你怎么可能还有奋斗的目标呢？然而，要想实现自己的成功，就要经历实现成功的过程，在这个过程中，你或许感受到的是痛苦和艰辛，但是回忆起这个过程，你会发现成功的意义所在。所以说辉煌是从寂寞开始的，你要学会享受这种寂寞。

美国前第一夫人希拉里·克林顿，被大家一致称为美国历史上最有实权的第一夫人、美国历史上学历最高的第一夫人、美国历史上第一位谋求公职的第一夫人。她是一位富有争议的政治人物。当第一夫人期间，她曾主持一系列改革，也曾参加2008年美国总统选举民主党总统候选人的角逐。当时，希拉里并不是首位参与美国总统大选的女性，但她被普遍认为是美国历史上首位确有可能当选的女性候选人。在奥巴马当选总统之后，提名她出任美国国务卿，她成为美国第三位女国务卿。就是这样一位杰出的政治人物，她也曾不断地对自己说，只有忍受孤独才能最终走向成功。

希拉里·克林顿将自己定位于“孤独的学者”，这里的“孤独”有两个意思。

首先我们应该知道人是一个独立的个体，只要是个体，那势必会感觉到孤独，也会有孤独的时候。大部分人会认为别人都不孤独，只有自己孤独，其实这是错误的思想，没有人能够摆脱孤独，但是要知道导致自己最终坠入空虚和失落的深渊中不能自拔的原因，往往是因为自己无法面对自己的孤独。相反，如果承认人生本来就是充满孤独的，那心灵就会获得安慰，自己就不会有孤独感。其实，孤独没什么不好，起码能够让你认清自己。换一种说法就是，每个人都明白孤独不是专属于自己的，别人也同样如此，也会有孤独感，那当孤独突然袭来时就不会备感难耐了，也不会对学业和事业产生很大的影响。

其次，孤独一词还有一层意思是自我觉醒。为了避免坠入陷阱之中不能自拔，最好的办法就是时刻提醒自己、激励自己，为自己敲响警钟。在女性身上有一种特有的敏感，这使她们更容易感觉到孤独，于是她们就会采取逛街、聚会、闲聊等方式来减少孤独感。但与此同时，时间长了，逛街、聚会、闲聊等也常会让人上瘾，一上瘾了就难以停下来，最重要的是，他们在做这些事情的时候，往往会浪费大把的时间，这样一来，学习能力、思考水平、技术能力等方面就会退步，慢慢地就会被先进的时代所淘汰，成为一个落伍者，这种落后维持的时间长了便会让你最终成为失败者。

孤独并不是你想象的那么可怕，在人生中，孤独就是调味剂，可以调出更加适合你的味道，当然，如果你无法享受这个过程，你品尝到的只有辛辣，所以说要学会享受辛勤奋斗的过程，结果才会变得圆满，如果你只是一味地追求结果，那么，最终你得到的也就只是那么一点点的成功，根本不会有更加重要的意义。

曾有这样一则佛家故事，一位大师听众僧论辩风与幡的关系。有人说风动，有人认为是幡动，相持不下。这位大师却是这样说的："既不是风动，也不是幡动，是人们的心在动。"

这里所说的"心动"实际上就是不要"动心"，不管外界事物如何变化，如果你心动了，那么不变也就是在变，如果你没有动心，那么即便外界发生翻天覆地的变化，也与你无关。要知道在滚滚红尘、物欲横流中同样如此，能够有一份超然情怀，视若无物，不为所动，同样是世俗社会难能可贵的品格。综观古今，那些有作为的智者贤者，莫不耐得寂寞，安于平静，这也正如歌德所言，"真正有才能的人会摸索出自己的道路"。深谙个中深义的李白，不在长安市中酒家眠，他远离喧嚣，寄情山水，以诗为伴，以酒为侣。正是这种旷达与灵性，成就了一位伟大的诗人。

一个人的时间和精力是有限的，他在追求成功的时候，就意味着必须放弃风花雪月、花前月下的浪漫，放弃闲适安逸的生活，放弃很多常人无法放弃的东西。每个成功者都是一路寂寞走来的。可以说，寂寞是成功的第一站，并始终伴随着追梦者。

寂寞的人生中需要梦想做支撑，当然实现自己的梦想是一个过程，你不要认为这个过程是一种不好的结局，要相信自己，只有付出努力，你才能够感知到这个过程，才能够感知到成功。在寂寞中奋斗，让自己的梦想开出美艳的花朵，享受这种幸福，你最终才会成功。

自己不气，哪儿来的气

“人生就像一场戏，因为有缘才相聚；相扶到老不容易，是否更该去珍惜。为了小事发脾气，回头想想又何必？别人生气我不气，气出病来无人替。我若气死谁如意？况且伤神又费力！邻居亲朋不要比，儿孙琐事由他去；吃苦享乐在一起，神仙羡慕好伴侣。”——一首《莫生气》，虽无华丽的辞藻，却成了世人常挂在嘴边的“忍怒格言”，这不仅是因为它读起来朗朗上口，更是因为它用最普通的话说出了最简单却又最难做到的道理。

生气动怒是一种极为常见的情绪反应，它随时都有可能让人情不自禁地表现出来。或许，正是因为它太常见，因而很多人对其不以为意。殊不知，生气具有极强大的破坏力，它可以摧毁一个人的学业、事业、人脉、家庭以及身体等，毫不夸张地说，不加节制的怒火甚至可以烧毁一切！它，就是我们缔造人生幸福的莫大障碍。

一个动不动就发怒的人，必然是个蠢人；一个善于驾驭自身情绪、不为小事而大动肝火的人，我们说他是聪明人——因为他能够用理智驾驭感情，将不良情绪引入正规的表现渠道。人生何其短！为何要让怒火焚烧本就不多的美好？

佛祖告诫我们说：“嗔心一起，于人无益，于己有损；轻亦心意烦躁，重则肝目受伤。”

害人害己的事我们何必去做？只为生活中所遇的一点小事就大发雷霆，那是愚人的行为。

从前有位老妇人，脾气十分怪僻，经常为一些无关紧要的小事大发雷霆，而且生气的时候说话很刻薄，常常无意中伤害了很多人。因此，她与周围的人都相处得不太和谐。她也很清楚自己的脾气不好，也很想改，可是火气上来时，她就是没有办法控制自己。

一次，朋友告诉她：“附近有一位得道高僧，为什么不去找他为你指点迷津呢？说不定他可以帮你。”她觉得有点道理，于是就抱着试一试的态度去找那位高僧了。

当她向高僧诉说自己的心事时，态度十分恳切，强烈地渴望能从高僧那儿得到一些启示。高僧默默地听她诉说，等她说完，就带她来到一座禅房，然后锁上门，一言不发地离去了。

这位老妇人本想从禅师那里得到一些启示的话，可是没有想到禅师却把她关在又冷又黑的禅房里。她气得直跳脚，并且破口大骂，但是无论她怎么骂，大师都不理睬她。老妇人实在受不了了，于是开始哀求大师放了她，可是大师仍然无动于衷，任由她自己说个不停。

过了很久，禅师终于听不到房间里的声音了，于是就在门外问：“你还生气吗？”

老妇人恶狠狠地回答道：“我只是生自己的气，很后悔自己听信别人的话，干吗没事找事地来到这种鬼地方找你帮忙。”

禅师听完，说道：“你连自己都不肯原谅，怎么会原谅别人呢？”说完他转身就走了。

过了一会儿，高僧又问：“还生气吗？”

老妇人说：“不生气了。”

“为什么不生气了呢？”

“我生气又有什么用？还不是被你关在这又冷又黑的禅房里吗？”

禅师有点担心地说：“其实这样会更可怕，因为你把气全部压在了一起，一旦爆发会比以前更强烈的。”于是他又转身离去了。

等到第三次禅师来问她的时候，老妇人说：“我不生气了，因为你不值得我生气。”

“你生气的根还在，你还是不能从气的漩涡中摆脱出来！”禅师说道。

又过了很久，老妇人主动问禅师：“大师，您能告诉我气是什么吗？”

高僧还是不说话，只是看似无意地将手中的茶水倒在地上。老妇人终于明白：原来，自己不气，哪里来的气？心地透明，了无一物，何气之有？

就是啊，自己不气，哪儿来的气？那些小事就如一粒粒的碎沙，在你的鞋子里让你感觉不舒服。那么，为了摆脱这些碎沙，你选择倒掉沙子还是踢掉鞋子？我们不能不穿鞋子，因为我们还有许多路要走，那么，我们最好的选择就是倒掉沙子。

小事，不值得你抓狂

大多数人的生活都是琐碎的，所遇到的事情是细小的。对于这些小事情，我们要以一种包容平和的心态去面对，学会看开、看淡、看远、看透。唯有如此，我们才会享受到生活本应有的快乐。

卡戴珊是一名职业校对员，她曾经校对过的刊物书籍数不胜数。因为职业习惯，即使是在生活中，卡戴珊也会不自觉地检查单词拼写以及标点符号是否书写或者表达准确。当别人讲话之时，卡戴珊总在考虑他们的发音是否正确，停顿是否恰当。

有一天，卡戴珊去附近的教堂做礼拜，听牧师朗读一段赞美诗。忽然，卡戴珊听到他读错了一个单词，她马上就觉得浑身非常不自在，一个校对员的声音在她心里不停地说道："他读错了！牧师居然读错了！"

这个时候，一只小飞虫从卡戴珊眼前慢慢飞过，在她的耳边突然响起了另一个更为清晰的声音："不要盯着小飞虫，忽视了大骆驼。"对呀，怎么能由于一个小错误而忽视了整段赞美诗？过了一段时间，飞虫在卡戴珊面前稍作停留，然后径直飞走了。卡戴珊很快就恢复了平静。

是啊，因为一个小飞虫就忽视了整段赞美诗，显然是得不偿失的，所以请别让小事干扰了我们的正常生活。

假如我们对生活中诸如穿鞋、走路这样的琐碎小事也怒气不止，斤斤计较，那么心灵就不会得到安歇，就不会变得轻松，甚至会给自己戴上沉重的枷锁。

一旦出现了令人心烦的事情，我们一定要学会忍让与克制，懂得适时“化干戈为玉帛”，不要让那些无关紧要的小事破坏自己的心绪，只有这样我们才会让内心充满愉悦与平和。

生活中的小事，其实根本就没有必要较真，学会宽容大度，学会理解、体贴他人，以诚待人，以情感人，不要总是对一些小事耿耿于怀，有时换个角度思考一下问题，也许就能获得另一种收获。

而那些总为小事伤神的人，他们的一生是焦躁的，是烦恼的，也难以获得心灵的安定。其实，我们与其将时间浪费在琐碎的小事上，让这些小事耗费我们的精力，破坏我们的情绪，还不如忽略它们，专注于自己的事业。

心静才是最好的心境

无论这世间如何变化，只要我们的内心不为外境所动，则一切是非、一切得失、一切荣辱都不能影响我们，而在这种状态下，我们的内心世界将是无限宽广的。换而言之，心外世界如何其实并不重要，重要的是我们的内心世界。内心开阔，即便我们身陷囹圄，亦可转境，将小小囚房视为三千大千世界；内心狭隘，即便我们睡在皇宫，也是会感到焦虑异常。

有这样一则故事，就十分贴切地说明了这个道理：

一个罪犯的“丑事”大白于天下，定罪以后被关押在某监狱。他的牢房非常狭小、阴暗，住在里面很是受拘束。罪犯内心充满了愤慨与不平，他认为这间小囚牢简直就是人间炼狱。在这种环境中，罪犯所想的并不是如何认真改造，争取早日重新做人，而是每天都要怨天尤人，不停叹息。

一天，牢房中飞进一只苍蝇，它叫个不停，到处乱飞乱撞。罪犯原本就很糟糕的心情，被苍蝇搅得更加烦躁，他心想：我已经够烦了，你还来招惹我，是在故意气我吗？我一定要捉到你！他小心翼翼地捕捉，无奈苍蝇比他更机灵，每当快要被捉到时，它就会轻盈地飞走。苍蝇飞到东边，他就向东边一扑；苍蝇飞到西边，他又往西边一扑……捉了很久，依然无法捉到。最后，罪犯叹气道：“原来我的小囚房不小啊，居然连一只苍蝇都捉不到。”

感慨之余，罪犯突然领悟到：人生在世无论称意与否，若能做到心静，则万事皆可释怀，若能做到心静，自己也绝不至于身陷囹圄。其实他早该明白——“心中有事世间小，心中无事天地宽。”这就是解决人生燥乱的根本之道——如果我们在遭遇问题、困难、挫折时，能够放平心态，以一颗平常心去迎接生活中的一切，那么，我们的世界就会变得无限宽广。

心灵的困窘，是人生中最可怕的贫穷，同理，心灵的平和，也是人生最大的富足。一个人，倘若在外界的刺激中依然能够活得快乐自得，那么，他就能守住内心的那份清净。然而，我们多是普通人，每日穿梭于嘈杂的人流之中、置身于喧嚣的环境之下，又有几人能够做到任心清净呢？

于是，我们之中的很多人需要寄托于外界刺激来感受自己的存在；于是，很多人开始沉溺于声色犬马之中，久久不能自拔；于是，很多人为求安宁，自诩为“隐者”，远避人群。殊不知，故意离开人群便是执着于自我，刻意去追求宁静实际是骚动的根源，如此又怎能达到将自我与他人一同看待、将宁静与喧嚣一起忘却的境界呢？

也就是说，求得内心的宁静在于心，环境在于其次。否则把自己放进真空罩子里不就真静无菌了吗？其实，这样的环境虽然宁静，假如不能忘却俗世事物，内心仍然会是一团繁杂。何况既然使自己和人群隔离，同样表示你内心还存有自己、物我、动静的观念，自然也就无法获得真正的“宁静和动静如一”的主观思想，从而也就不能真正达到身心俱宁的境界。

真正的心净之人，对于外界的嘈杂、喧嚣具有极强的免疫功能，他们耳朵根子听东西就像狂风吹过山谷造成巨响，过后却什么也没有留下；他们内心的境界就像月光照映在水中，空空如也不留痕迹。如此一来，世间的一切恩恩怨怨、是是非非，便都宣告消失了，这才是真正的物我两相忘。

当然，以现实状况来看，绝对的境界，即人的感官不可能一点不受外物的感染，但要提高自身的修养，加强意志锻炼，控制住自己的种种欲望，排除私心杂念，建立高尚的情操境界却是完全可能的。

心大的人往往都长寿

我们已经知道心态会影响健康，你的精神乐观快乐、坚强，那么你的身体就会轻松自在，你也就会活得更健康。

九五至尊的帝王，像乾隆、康熙这样高寿的皇帝是很少见的，绝大多数的帝王都是未老先衰，短命夭亡。分析其原因，一部分是由于声色犬马，纵欲过度的结果；另一部分却不一样了，他们既注意饮食营养，也爱好体育运动，但仍然未老先衰。查根究底，这与他们终日钩心斗角、精神负担沉重密切相关。

汉代医圣张仲景在《伤寒杂病论》里谆谆告诫人们：千方百计地为名为利，只醉心于追求虚荣和权势，必然使精神内耗，正气虚弱，一旦遭受外来邪气的侵袭，就会引致“非常之疾”。

而晋代著名的养生家嵇康在《养生论》里说得更清楚，他指出：“养生有五难：名利不去为一难，喜怒不除为二难，声色不去为三难，滋味不绝为四难，神虑精散为五难。”他谈到影响健康的多种因素，如饮食、色欲、情绪等，但最重要的一条就是“名利不去”，即不能抛开心灵的枷锁。

生活中一些中年人终日追名逐利，损人利己，斤斤计较，这种人永远也无法体会轻松快乐，一生都将与烦恼为伴。一位医学博士指出：“个人主义往往是忧伤烦恼的源泉。因为个人主义者欲壑难填，整天患得患失，忧心忡忡，妄想、愤怒和沮丧在他的脑子里‘大闹天宫’，没个安宁。这样的人往往自食其果，‘老得快’就是其中的一个恶果。”

这样的人生是极其可悲的。在达到一个目标时，他所感受到的不是收获的欢乐，而是在为下一个更高的追求而忧心忡忡。就像一个人千辛万苦挣到了一万，满脑子想的都是如何挣得一个十万，当他真的拿到十万时，他会真的快乐满足吗？答案显然是不会的。这种人不会与人分享快乐，到头来只会使自己的精神枷锁越来越重，陷入极度痛苦的深渊。

与此相反，心底无私没有精神负担，胸怀开阔，心境恬静，情绪乐观，往往得享高寿。

古人认为：思想上安定清静，不贪欲妄想，体内的真气就和顺，精神也内守而不耗散，疾病就无从发生。《黄帝内经》对此进一步解释说：“古代懂得养生的人，活到百岁而动作不衰，除了回避邪气，劳而不倦等因素之外，尤其重要的是他们思想上安闲，心境安定，没有恐惧，少有奢望。吃得很好，穿得也很随便，乐于习俗，没有地位高低的羡慕，为人朴实，因此不正当的嗜好难以转移他们的视听，淫乱邪说也诱惑不了他们的心意。”中国现代的一些寿星热爱生活，胸怀开阔，不计名利，他们的高寿就印证了这种说法。

我国著名小麦专家金宝善教授，是位有理想有抱负的知识分子。1949年之前他曾想靠科学、靠教育救国。1939年，他任中央大学农艺系主任，带着助手到四川农村去推广新的小麦品种，结果反被当地政府拘留。农业学家不许去农村，这实在是太荒唐了！他愤懑，他郁闷，而又无可奈何。在那黑暗的岁月，精神上的长期压抑，加上胃病的折磨，使他未老先衰。40岁出头已经拄起拐杖，还不到50岁，头发就完全白了，成为中央大学的“四老”之一。

1949年以后，他的聪明才智在祖国的农业科学事业上得到了充分的发挥。他培育的优良小麦品种终于在长江流域大面积推广，他精心撰写的书也出版了，他心花怒放，十分高兴。在医生的精心治疗下，他多年的胃病也痊愈了，不仅扔掉了拐杖，而且比同龄人更为健康。大家都说：金老越活越年轻了。

1982年，他虽然已是86岁高龄，却仍然为发展我国的农业操劳。当他得知人们对黑龙江三江平原的开发有争议时，便不顾夏季的炎热，亲自前去调查，往返几天，行程万里。此时的他毫无龙钟之态，动作利索，思维敏捷，看上去完全不像八十多岁的老人，至少要年轻二十岁。

金老老而不衰，原因固然很多，如生活有规律，饮食有定量，经常散步，适当参加体力劳动等。但他对事业的专注，胸怀宽广，性格开朗，不计名利，无疑是最主要的原因。正如他身边的人所说：金老关心国家大事，专心致力于小麦的研究工作。无关紧要的事情，不管别人怎么说，他都不受干扰。这大概就是金老的养生之道吧。金老的夫人说得尤为生动。她说：“你们要他讲长寿之道，我看他就是因为不生气。他的脑子是‘结冰’的，人家当着他的面骂他，他照吃照睡，满不在乎。他这个人从来不想当官发财，一辈子就是老老实实做学问。一个人不为名，不为利，心胸开阔，不为那些杂七杂八的是非小事缠身，既不气闷，也不伤神，不就长寿了吗？”

看到这里，你是不是有一种如释重负的感觉？给自己的心适当地放个假吧。让疲惫的你充分享受一下成功的喜悦，那样你会惊喜地发现，你神奇般地恢复了全身的力量，你对前进的道路充满了信心。

解铃还须系铃人，自己套上的枷锁还需要自己解开，遇事大度一点，何愁阴霾不开，何愁健康不在！

所有一切都能够应付过去

有多少次困难临头，开始以为是灭顶之灾，感到恐惧，受到打击，似乎无法逃脱，胆战心惊。然而，突然间我们的雄心被激起，内在力量被唤醒，结果化险为夷，一场虚惊。一个真正坚强的人，不管什么样的打击降临，都能够从容应对，临危不乱。当暴风雨来临，软弱的人屈服了，而真正坚强的人却镇定自若，胸有成竹。

埃尔文的父亲生病时已经年近七十了，仗着他曾经是加州的拳击冠军，有着硬朗的身子，才一直挺了过来。

那天，吃罢晚饭，父亲把埃尔文他们召到自己的房间。他一阵接一阵地咳嗽，脸色苍白。他艰难地扫了每个人一眼，缓缓地说："那是在一次全州冠军对抗赛上，对手是个人高马大的黑人拳击手，而我个子矮小，一次次被对方击倒，牙齿也出血了。休息时，教练鼓励我说：'史蒂芬，你不痛，你能挺到第十二局！'我也说：'不痛。我能应付过去！'我感到自己的身子像一块石头、像一块钢板，对手的拳头击打在我身上发出空洞的声音。跌倒了又爬起来，爬起来又被击倒了，但我终于熬到了第十二局。对手战栗了，我开始了反攻，我是用我的意志在击打，长拳、勾拳，又一记重拳，我的血同他的血混在一起。眼前有无数个影子在晃，我对准中间的那一个狠命地打去……他倒下了，而我终于挺过来了。哦，那是我唯一的一枚金牌。”

说话间，他又咳嗽起来，额上汗珠晶晶而下。他紧握着埃尔文的手，苦涩地一笑道：“不要紧，才一点点痛，我能应付过去。”

第二天，父亲就过世了。那段日子，正碰上全美经济危机，埃尔文和妻子都先后失业了，经济拮据。

父亲死后，家里的境况更加艰难。埃尔文和妻子每天跑出去找工作，晚上回来，总是面对面地摇头，但他们不气馁，互相鼓励说：“不要紧，我们会应付过去的。”

如今，当埃尔文和妻子都重新找到了工作，坐在餐桌旁静静地吃着晚餐的时候，他们总能想到父亲，想到父亲的那句话。当我们感到生活艰苦难耐的时候，要咬牙坚持，学会在困境中对自己说：“瞧，我能应付过去！”

你必须相信，那么多当时你觉得快要要了你的命的事情，那么多你觉得快要撑不下去的打击，都会慢慢地好起来。就算再慢，只要你愿意努力，它也愿意成为过去。而那些你暂时不能拒绝的、不能挑战的、不能战胜的，不能逆转的，就告诉自己，凡是不能杀死你的，最终都会让你变得更强！

幸与不幸，都在心间

对于苦难，如果还有选择的余地，如果说还可以规避，那固然是好，然而又有很多时候，生活给予我们的并不允许我们推却。这时我们只有一种选择——承受，但承受是不是就要逆来顺受？不！

其实，任何不幸、失败与损失，都有可能成为我们的有利因素。生活也真的很公平，它可以将一个人的志气磨尽，也能让一个人出类拔萃，就看你是怎样的一个人。

意大利庞贝城中有位卖花女，名字叫作倪娣雅。她虽然自幼便双目失明，一直生活在黑暗之中，但却从不自怨自艾，也没有自我封闭起来，而是勇敢地选择去面对，她要像常人一样自食其力。

那日，维苏威大火山爆发了，庞贝城遭受着空前的灾难，整座城市笼罩在浓烟和尘埃之中，不断遭受着地震的侵袭。是时，正值漆黑的午夜，惊惶失措的居民跌跌撞撞寻找出路，却始终无法走出“迷宫”。

倪娣雅一直生活在黑暗之中，这些年来又一直在走街串巷地，一直在城里卖花，她的不幸反而成了大幸，倪娣雅依靠自己的触觉和听觉找到了求生之路，与此同时，她还救出了许多市民。

上苍真的很公平，命运在向倪娣雅关闭一扇门的同时，又为她开启了另一扇门。

世上的任何事物都是多面的，我们所看到的往往只是其中一个侧面，这个侧面让人痛苦，但痛苦大多可以转化。有一个成语叫作“蚌病成珠”，这是对生活最贴切的比喻。蚌因体内嵌入沙粒而痛苦，伤口的刺激使它不断分泌物质疗伤，待到伤口复合时，患处就会出现一粒晶莹的珍珠。试想，哪粒珍珠不是由痛苦孕育而成的呢？所以，没事，你就偷着乐吧！当你正经历风雨之时，想想风雨过后那明媚的阳光，想想那绚丽的彩虹，你是不是应该偷着乐呢？

非凡的经历可以成就一个非凡的人生，非凡的经历也必定是伴随着非凡的苦难。当我们对命运所强加在我们身上的一切无从反抗的时候，如果我们放弃希望，不愿与它对抗，那么我们最终只能永远生活在不幸与抱怨中。然而，如果我们坚强地面对它，抱持着坚持不懈的信念，我们必将把这些不幸转换为我们人生中一段非凡的经历，成就我们非凡的人生。

成功学大师卡耐基说：“有一次我拒不接受我遇到的一种不可改变的情况。我像个蠢蛋，不断做无谓的反抗，结果带来无眠的夜晚，我把自己整得很惨。终于，经过一年的自我折磨，我不得不接受我无法改变的事实。”我们应该吸取这个教训，面对不可避免的事实，就应该学着像树木一样顺其自然，面对黑夜、风暴、饥饿、意外与挫折。当然，这不是说要我们束手待毙，事实上，只要有任何可以规避的条件，我们都应该去躲开苦难，否则还真有点傻气。但是，如果我们发现情势已然不能挽回，我们就不要拒绝面对，要接受不可避免的事实，唯有如此，我们才能在人生的道路上掌握好平衡。

其实，生活从来都是波澜起伏的，命运从来都是峰回路转的，因为有了曲折和故事，我们的生命才会精彩。如果人生没有磨难，其本身就是一种灾害。我们长期处于无忧无虑的环境中，优不能胜劣不能汰，社会就不会进步，而我们每每认真审视自己的历程，总会欣然发现，点燃自己灵魂之光的，往往正是一些当时被看作是磨难和困苦的境遇或事件。我们来到这世间，就不可避免地要经历人世间的酸甜苦辣，即使我们对苦难有千般的反感与不愿，但苦难不会因你的厌恶就离你远去。所以在苦难面前，我们只能选择坦然面对，我们虽然无法改变既成的事实，但我们完全有能力在苦难中创造出一个奇迹。

在苦难里，依然优雅着

“当灵魂迷失在苍凉的天和地，还有最后的坚强在支撑我的身体，当灵魂赤裸在苍凉的天和地，我只有选择坚强来拯救我自己。”有时候，你真的不得不坚强，因为如果你不坚强，没人会替你勇敢。

陈丹燕老师在《上海的金枝玉叶》中描写了这样一个美丽的女子——郭婉宝（戴西），她是老上海著名的永安公司郭氏家族的四小姐，曾经锦衣玉食，应有尽有。时代变迁，所有的荣华富贵随风而逝，她经历了丧偶、劳改、受羞辱打骂、一贫如洗……一度甚至沦落到在乡下挎鱼塘清粪桶，但那么多年的磨难并没有使她心怀怨恨，她依照美丽、优雅、乐观，始终保持着自尊和骄傲。她有着喝下午茶的习惯，可是家中早已一贫如洗，烘焙蛋糕的电烤炉没了多年，怎么办？这些年她一直自己动手，用仅有的一只铝锅，在煤炉上烘烤，在没有温度控制的条件下，巧手烘烤出西式蛋糕。就这样，几十年沧桑，她雷打不动地喝着下午茶，吃着自制蛋糕，怡然自得，浑然忘记身处逆境，悄悄地享受着残余的幸福。

这就是坚强，一种生活的态度，淡定而从容。生活就是这样，有时意料之中，有时意料之外。不过悲也好，喜也好，你都得活着，都要面对，等你的年龄到了足以有资格回味往事之时，你会发现，那正是你的人生。而这一路陪你走来的，不是金钱、不是欲望、不是容貌，恰恰就是你那颗坚强的心。

也许你有些害怕，于是你不想长大，但很多我们不想经历的，终究还是要经历，长大了就是长大了，就要承受很多东西。人生，从来都是苦大于乐、福少于难的，你得学会苦中作乐，因为如果你不坚强，没人替你勇敢。

或许，如果可以，你更愿意每天随心所欲，不用早起，不用在地铁上拥挤，不必看着老板的脸色，在遭遇挫折以后，不需理睬什么“在哪里跌倒就在哪里站起”，是的，如果可以，你更愿意蹲下来怀抱双膝，慢慢疗伤……可是，人生没有如果，即使有一千个理由让你黯淡消沉，你也必须选择一千零一次的勇敢面对，因为你不坚强，没人替你勇敢。

有时候，看似好友成群，每天的哥们义气、姐妹情谊，可真正到了关键时刻，能帮得了自己的却不见一人，所以做任何事情，不要总想着依靠别人，在这个物质至上的社会，你如何百分之百确定那人就是真心助你？所以你凡事还得靠自己，因为如果你不坚强，没人替你勇敢。

暴风雨之夜，一只蝴蝶被打落在泥中，它想飞，它拼命挣扎，可是风雨太大，心有余而力不足。在无数次努力失败以后，它大概打算放弃了，这时，一缕阳光射来，映照着它美丽的翅膀，它再一次选择了坚强，经过一次次试飞，它终于挣脱了泥潭，挥动着仍带有泥点的翅膀，在阳光中散发着七彩的光芒。蝴蝶永远知道：如果它不坚强，没人替它勇敢。

人生的绽放，需要你的坚强，没了坚强，你会变得不堪一击，只有经历地狱般的折磨，才会有征服天堂的力量，只有流过血的手指，才能弹出人世间的绝唱!

当每天的坚强成为一种习惯，我们便不会再抱怨天地，你会发现生活不过就是那么一回事，有无奈、有愤恨，有不公、有苦痛，用坚强去面对，它们根本不值一提，不过是生命中的一个插曲。

坚强，显然已经成为一种世界的、民族的趋势，从生存到竞技，从灾难到救援，几乎每一个人都在以乐观、进取来表达着坚强，小到一个人，大到一个国家，都在不停地努力付出，一天天让自己变得更好。

妥善面对生命中的羞辱事件

生活中，我们随时可能一不小心就受到不平等的待遇，特别是在我们还贫穷的时候。贫穷并不可怕，受不平等待遇，甚至受侮辱也不可怕，可怕的是，我们在受侮辱后麻木不仁。只要有奋发向上的决心，被歧视也能成为一种力量，把这种力量用好，终有一天，当我们回头看自己走过的路时，我们会感谢曾经受过的歧视。

美国地产大王哈利曾经是一名工厂的机器清洗工，由于日常清洗机器时，工作服经常会沾上机油，以致衣服上留下了斑斑点点的洗不掉的油污渍。他万万没想到，就因为他的工作服有些污渍，竟经受了一次耻辱的经历。

那天，他下班后去一家商场挑选了很多日用品。当他在收银台前排队的时候，前面一名也在排队的妖艳女人回头看到他的衣服有污渍时，竟认为很脏，捂着鼻子走开，把本来想买的东西随地一扔就走出了商场。哈利虽然感觉受到侮辱，倒还是没表现出来。

约一分钟后，又有个女人提着购物篮走过来排队，刚走到哈利身后时，也凑巧看到他身上的油渍就突然走开了。

哈利觉得这两个女人都在装模作样，假装高贵。他知道，他的衣服虽然有点污渍，但每天都洗过，其实并不脏。他想，因为工作的关系，不可能一下班就换成西装革履呀，这些女人真没修养。

正当他边想边排队，快轮到他结账的时候，商场的保安突然走过来把他拉了出去。

他质问保安："为什么这样对待我？"

保安说："商场有规定，谢绝衣服不干净的顾客，而且刚才有人向商场投诉了你。"

尽管他理直气壮地跟保安辩论，但还是被赶了出来。围观的人很多，他觉得这是有生以来受到的最大的侮辱。

那天晚上，他失眠了。他含泪发誓，一定要尽快拼搏，再也不让人"瞧不起"。从第二天开始，他每天除了吃喝拉撒，全部用来工作。下班后还要到附近一家餐厅做洗碗工。

由于他的敬业，三个月后，他被提拔为清洗车间经理。一年后，他有了一些积蓄，便联合了一位朋友开了一家商场。他想，在哪里跌倒，就要在哪里爬起来。他要让他的商场成为穷人的购物天堂，所以他规定，凡是工厂里的工人，只要凭工作证，都给予八折优惠。

果然，他如愿以偿。后来，哈利有了大笔资金后，又涉足房地产。终于在十年后拥有两亿美元的个人资产，成为美国的地产大王。

这不仅让人想起一首诗：

“我相信有一天，我流过的泪将变成花朵和花环，我遭受过千百次的遍体鳞伤，将使我一身灿烂……”

有些时候，我们真的应该感谢“羞辱”，因为人无压力轻飘飘，不经激励不发愤。一个人，如果能坦然面对别人的耻笑或侮辱，心的格局就有了一层进步，如果能把这些耻笑和侮辱化为动力，总有一天会让曾经笑话自己的人远远不及。

现实如此，只能如此

生活中，我们会遇到许多不公平的经历，而且许多都是我们所无法逃避的，也是无所选择的，我们只能接受已经存在的事实并进行自我调整。抗拒不但可能毁了自己的生活，而且也会使自己精神崩溃。因此，人在无法改变不公和不幸的厄运时，要学会接受它、适应它。

荷兰阿姆斯特丹有一座15世纪的教堂遗迹，里面有这样一句让人过目不忘的题词：“事必如此，命运中总是充满了不可捉摸的变数，如果它给我们带来了快乐，当然是很好的，我们也很容易接受。但事情却往往并非如此，有时，它带给我们的会是可怕的灾难，这时如果我们不能学会接受它，就会让灾难主宰了我们的心灵，生活也会永远地失去阳光。

小时候，琼斯和几个朋友在密苏里州的老木屋顶上玩，琼斯爬下屋顶时，在窗沿上歇了一会儿，然后跳下来，他的左食指戴着一枚戒指，往下跳时，戒指钩在钉子上，扯断了他的手指。

琼斯疼得尖声大叫，且非常惊恐，他想他可能会死掉。但等到手指的伤好后，琼斯就再也没有为它操过一点心。他已经接受了不可改变的事实。

英格兰的妇女运动名人格丽·富勒曾将一句话奉为真理，这句话是：“我接受整个宇宙。”是的，我们都应该学会接受不可避免的事实。即使我们不接受命运的安排，也不能改变事实分毫，我们唯一能改变的，只有自己的心态。

成功学大师卡耐基也说：“有一次我拒不接受我遇到的一种不可改变的情况。我像个蠢蛋，不断做无谓的反抗，结果给自己带来无眠的夜晚，我把自己整得很惨。终于，经过一年的自我折磨，我不得不接受我无法改变的事实。”

面对现实，并不等于束手接受所有的不幸。只要有一些可以挽救的机会，我们就应该奋斗！但是，当我们发现情势已不能挽回时，我们最好就不要再思前想后，拒绝面对，要接受不可避免的事实，唯有如此，才能在人生的道路上掌握好平衡。

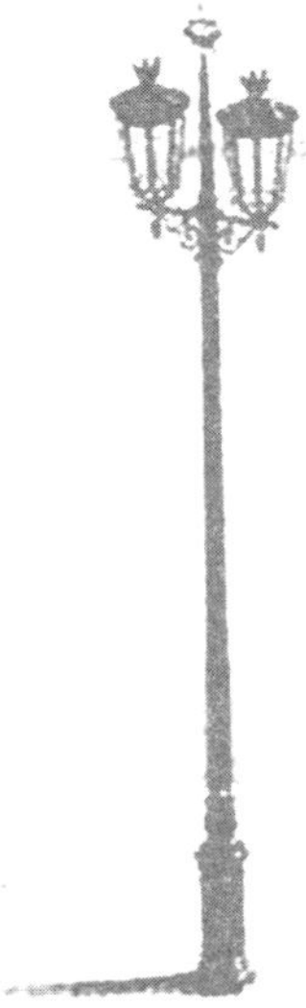

辑九　极简

扔掉90%的拖累，找到生命的真谛

多余的忙碌威胁着生命的幸福。我们太忙碌，总想用最少的时间完成最多的事情，从而忽视了体会快乐。如何才能享受生活？关于这个问题，一个坏消息是，世界上没有魔法，我们只能简化忙碌的生活，才能享受幸福；而一个好消息是，简化生活并不会影响我们获得成功。

放松，才能过得轻松

春花秋月，夏风冬雪，皆是人间胜景，令人赏心悦目，心旷神怡。然而世间偏偏有人不能欣赏当下拥有的美好，而是怨春悲秋，厌夏畏冬，或者是夏天里渴望冬日的白雪，而在冬日里又向往夏天的丽日，永无顺心遂意的时候。这是因为总有“闲事挂心头”，纠缠于琐碎的尘事，从而迷失了自我。只要放下一切，欣赏四季独具的情趣和韵味，用敏锐的心去感悟体会，不让烦恼和成见梗住心头，便随时随地可以体悟到“人间好时节”的佳境禅趣。

一个无名僧人，苦苦寻觅开悟之道却一无所得。这天他路过酒楼，鞋带开了。就在他整理鞋带的时候，偶然听到楼上歌女吟唱道：“你既无心我也休……”刹那之间他恍然大悟。于是和尚自称“歌楼和尚”。

“你既无心我也休”，在歌女唱来不过是失意恋人无奈的安慰：你既然对我没有感情，我也就从此不再挂念。虽然唱者无心，但是无妨听者有意。在求道多年未果的和尚听来，“你既无心我也休”却别有滋味。在他看来，所谓“你”意味着无可奈何的内心烦恼，看似汹涌澎湃，实际上却是虚幻不实，根本就是“无心”。既然烦恼是虚幻，那么何必去寻找去除烦恼的方法呢？

只要我们正在经历生活，就免不了会有一些事情藏在心间挥之不去，让我们吃不下、睡不着，然而这些事情却并非那些异常重要而让我们非装着不可的事情，只是我们庸人自扰罢了。

有一位成功的商人，虽然已经身家数千万，但似乎从来不曾轻松过。

他下班回到家里，刚刚踏入餐厅中。餐厅中的家具都是胡桃木做的，十分华丽，有一张大餐桌和六张椅子，但他根本没去注意它们。他在餐桌前坐下来，但心情十分烦躁不安，于是他又站了起来，在房间里走来走去。他心不在焉地敲敲桌面，差点被椅子绊倒。

他的妻子这时候走了进来，在餐桌前坐下。他说声你好，然后用手敲桌面，直到一个仆人把晚餐端上来为止。他很快地把东西一一吞下，他的两只手就像两把铲子，不断把眼前的晚餐一一铲进口中。

吃过晚餐，他立刻起身走进起居室去。起居室装饰得富丽堂皇，意大利真皮大沙发，地板铺着土耳其的手织地毯，墙上挂着名画。他把自己投进一张椅子中，几乎在同一时刻拿起一份报纸。他匆忙地翻了几页，急急瞄了瞄大字标题，然后，把报纸丢到地上，拿起一根雪茄。他一口咬掉雪茄的头部，点燃后吸了两口，便把它放到烟灰缸去。

他不知道自己该怎么办。他突然跳了起来，走到电视机前，打开电视机。等到画面出现时，又很不耐烦地把它关掉。他大步走到客厅的衣架前，抓起他的帽子和外衣，走到屋外散步。他持续这样的动作已有好几百次了。他在事业上虽然十分成功，但却一直未学会如何放松自己。他是位紧张的生意人，并且常常放不下公司里的那些琐碎事情。他没有经济上的问题，他的家是室内装饰师的梦想，他拥有四部汽车，但他却无法放松自己。为了争取成功与地位，他已经付出了自己全部的时间去获得物质上的成就，然而，在他拼命工作、拼命赚钱的过程中，却迷失了自己。

过分地投入生活，就会受到来自于诸多方面烦恼的干扰，常常令我们身心疲惫、痛苦不堪，然而心病还需心药医，只有我们从内心摆脱这些烦恼的束缚、将它们全部抛开，才能让心灵得到真正的轻松。

幸福和快乐原本是精神的产物，期待通过增加物质财富而获得它们，岂不是缘木求鱼？如果我们为了拥有一辆豪华轿车、一幢豪华别墅而废寝忘食；为了涨一次工资而逆来顺受，日复一日地赔尽笑脸；为了签更多的合同，年复一年日复一日地戴上面具，强颜欢笑……长此以往，我们终将不胜负荷，最后悲怆地倒在医院病床上。此时此刻，我们应该问问自己：金钱真的那么重要吗？有些人的钱只有两样用途：壮年时用来买饭，暮年时用来买药。所以说，人生苦短，不要总是把自己当成赚钱的机器。一生为赚钱而活是何其悲哀！我们活着，若想自在些，就要把钱财看淡些，不要一味地去追求享受。在我们用双手创造财富的同时，不妨多一点休闲的念头，不要忘了自己的业余爱好，不妨每天花点时间与家人一起去看场电影，去散散步，去郊游一次……如果这样，生活将会变得丰富多彩，富有情趣；心灵会变得轻松惬意，自由舒畅；生命会变得活力无限。

生活，不一定要豪华

有人在锦衣玉食、夜夜笙歌中寻找幸福；有人在以苦为乐、脚踏实地的实现自我价值的过程中体验着幸福；有人看重物质享受，有人在乎精神层面的纯净。正因为对于幸福的理解上的差异，最终导致了人们地位的不同。

其实，幸福本是人内心深处的一种感觉，不管你用什么心态去理解，感觉都不会欺骗人。正因为如此，幸福才不会因为你物质上多么富有而偏袒你。也就是说，真正的幸福与物质无关，有时甚至钱越多，离幸福越遥远。

有一位长年住在山中的印第安人，因为特殊机缘，接受了一位纽约友人的邀请，前往纽约做客。

当纽约友人领着印第安朋友走出机场，正要穿越马路时，印第对着纽约友人说：“你听到蟋蟀的叫声了吗？”

纽约友人大笑道：“您大概坐飞机坐太久了，这机场的引道连接着高速公路，怎么可能有蟋蟀呢？”

又走了两步，印第安朋友又说：“真的有蟋蟀！我清楚地听到了它们的声音。”

纽约友人笑得更大声了，“您瞧！那儿正在施工打洞，机械的噪音那么大，怎么能听得到蟋蟀声呢？”

印第安朋友二话不说，走到斑马线旁安全岛的草地上，翻开了一段枯死的树干，便招呼纽约友人前来观看那两只正在高歌的蟋蟀！

纽约友人露出不可置信的表情，直呼不可能，“您的听力真是太好了，能在那么吵的环境下听到蟋蟀的叫声！”

印第安朋友说：“你也可以啊！每个人都可以的！我可以向你借点零钱来做个实验吗？”

“可以！可以！我口袋中大大小小的铜板有十几元，您全拿去用！”

纽约友人很快把钱掏给印第安友人。

“仔细看，尤其是那些原本眼睛没朝我们这儿看的人！”说完，印第安友人把铜板抛向柏油路。突然，有好多人转过头来，甚至有人开始弯下腰来捡钱。

“您瞧，大家的听力都差不多，不一样的地方是，你们纽约人专注的是钱，我专注的是自然与生命。所以听到与听不到，全然在于有没有专注地倾听。”

欲望越小，你对生命的价值与幸福就会越专注，它是针对欲望越大人越贪婪，越易致祸而言的。“身外物，不奢恋”，这是思悟后的清醒。谁能做到这一点，谁就会活得轻松，过得自在。只是有很多时候，为了满足一下虚荣心，我们会不计后果地去做许多奢侈之事。

我们总是把拥有物质的多少、外表形象的好坏看得过于重要，用金钱、精力和时间换取一种令人羡慕的优越生活，却没有察觉自己内心的痛苦和劳累。事实上，只有真实的自我才能让人真正地容光焕发，当你只为内在的自己而活，并不在乎外在的虚荣时，幸福感才会润泽你干枯的心灵，就如同雨露滋润干涸的土地。

我们需求得越少，得到的自由就越多。正如梭罗所说：“大多数豪华的生活以及许多所谓的舒适的生活，不仅不是必不可少的，反而是人类进步的障碍，对比豪华和舒适，有识之士更愿过单纯和粗陋的生活。”简朴、单纯的生活有利于清除物质与生命之间的樊篱，为了认清它，我们必须从清除身边的琐事开始，认清我们生活中出现的一切，哪些是我们必须拥有的，哪些是必须舍弃的。

人生的容量是有限度的，通常应该是多一份舒畅，少一份焦虑；多一份真实，少一份虚假；多一份快乐，少一份悲苦。外界生活的简朴会带来我们内心世界的丰富，从而使我们变得更敏锐，更能真正深入、透彻地体验和理解。

生活简单，没有负担

一天晚上，智通和尚突然大叫：“我大悟了！我大悟了！”

他这一叫惊醒了众多僧人，连禅师也被惊动了。众人一起来到智通的房间，禅师问：“你悟到什么了？居然这个时候大声吵嚷，说来听听吧！”

众僧以为他悟到了高深的佛旨，没想到他却一本正经地说道：“我日思夜想，终于悟出了——尼姑原来是女人做的。”

刚说完，众僧就哄堂大笑，“这是什么大悟呀，我们大家都知道的呀！”

但是禅师却惊异地看着智通，说：“是的，你真的悟到了！”

智通和尚立刻说道：“师父，现在我不得不告辞了，我要下山云游去。”

众僧又是一惊，心里都认为：这个小和尚实在是太傲慢了，悟到“尼姑是女人做的”这么简单的道理也没什么稀奇的，却敢以此要求下山云游，真是太目中无人了，竟敢对我们师父这么无理，可恶！

然而禅师却不这样认为，他觉得智通到了下山云游的时候了，于是也不挽留他，提着斗笠，率领众僧，送他出寺。到了寺门外，智通和尚接过了禅师给他的斗笠，大步离去，再也没有任何留恋。

众僧都不解地问禅师：“他真的悟到了吗？”

禅师感叹道：“智通真是前途无量呀！连‘尼姑是女人做的’都能参透，还有什么禅道悟不出来的呢？虽然这是众人皆知的道理，但是有谁能从中悟出佛理呢？这句话从智通的嘴里说出来，蕴涵着另一种特殊的意义——世间的事理，一通百通啊。”

世界上的事，无论看起来是多么复杂神秘，其实道理都是很简单的，关键在于是否看得透。生活本身是很简单的，快乐也很简单，是人们自己把它们想得复杂了，或者人们自己太复杂了，所以往往感受不到简单的快乐，他们弄不懂生活的意味。

睿智的古人早就指出：“世味浓，不求忙而忙自至。”所谓“世味”，就是尘世生活中为许多人所追求的舒适的物质享受、为人欣羡的社会地位、显赫的名声，等等。今日的某些人追求的“时髦”，也是一种“世味”，其中的内涵说穿了，也不离物质享受和对“上等人”社会地位的尊崇。

可怜的某些人在电影、电视节目以及广告的强大鼓动下，“世味”一“浓”再“浓”，疯狂地紧跟时髦生活，结果“不知不觉地陷入了金融麻烦中”。尽管他们也在努力工作，收入往往也很可观，但收入永远也赶不上层出不穷的消费产品的增多。如果不克制自己的消费，不适当减弱浓烈的“世味”，他们就不会有真正快乐的生活。

菲律宾《商报》登过一篇文章。作者感慨她的一位病逝的朋友一生为物所役，终日忙于工作、应酬，竟连孩子念几年级都不知道，留下了最大的遗憾。作者写道，这位朋友为了累积更多的财富，享受更高品质的生活，终于将健康与亲情都赔了进去。那栋尚在交付贷款的上千万元的豪宅，曾经是他最得意的成就之一。然而豪宅的气派尚未感受到，他却已离开了人间。作者问：“这样汲汲营营追求身外物的人生，到底快乐何在？”

这位朋友显然也是属“世味浓”的一族，如果他能把“世味”看淡一些，像陈美玲那样“住在恰到好处的房子里，没有一身沉重的经济负担，周末休息的时候，还可以一家大小外出旅游，赏花品草……”这岂不是惬意的生活？

陈美玲写道：“‘生活简单，没有负担’，这是一句电视广告词，但用在人的一生当中却再贴切不过了。与其困在财富、地位与成就的迷惘里，还不如过着简单的生活，舒展身心，享受用金钱也买不到的满足来得快乐。”

简单的生活是快乐的源头，它为我们省去了欲求不得满足的烦恼，又为我们开阔了身心解放的快乐空间！

好花要看半开时

人生有无限的机会、无限的力量、无限的潜能、无限的意义。可以说，人生就是一个“无限”。但是，我们也不能因为无限，就毫无顾忌，妄肆而为。有时候，更应该有个“适可而止”的人生。强开的花难美，早熟的果难甜，天地的节气时令，总有个时序轮换。悬崖要勒马，尸祝不代庖，举凡吾人的行事，也要有个分寸拿捏。《宝王三昧论》也说：“于人不求顺适，人顺适则心必自矜。见利不求沾分，利沾分则痴心亦动。”“适可而止”的人生，实在可以作为座右铭的参考。

在生活悲欢离合、喜怒哀乐的起承转合过程中，我们应随时随地、恰如其分地选择适合自己的位置。先贤说“贵在时中”，时就是随时，中就是中和，所谓时中，就是顺时而变，恰到好处。正如孟子所说的：“可以仕则仕，可以止则止，可以久则久，可以速则速。”鉴于人的情感和欲望常常盲目变化的特点，讲究时中，就是要注意适可而止，见好就收。一个人是否成熟的标志之一是看他会不会退而求其次。退而求其次并不是懦弱畏难。当人生进程的某一方面遇到难以逾越的阻碍时，善于权变通达，心情愉快地选择一个更适合自己的目标去追求，这事实上也是一种进取，是一种更踏实可行的以退为进。古人说：“力能则进，否则退，量力而行。”

我们在前文也有强调，自不量力、一味逞能实在是我们经营人生的大忌，当我们在一种境地中感到力不从心的时候，退一步或许就是海阔天空。

其实，人生很需要讲究一下“恰到好处”，这是一种什么样的意境呢？就是“美酒饮到微醉处，好花看到半开时”。明人许相卿也说：“富贵怕见花开。”此语殊有意味。言已开则谢，适可喜正可惧。做人要有一种自惕惕人的心情，得意时莫忘回头，着手处当留余步。此所谓“知足常足，终身不辱，知止常止，终身不耻”。宋人李若拙因仕海沉浮，作《五知先生传》，谓作人当知时、知难、知命、知退、知足，时人以为智见，反其道而行，结果必适得其反。

然而尘世间，君子好名，小人爱利，大抵如此。可叹，人一旦为名利驱使，往往身不由己，只知进，不知退。尤其在中国古代的政治生活中，不懂得适可而止，见好便收，无疑是临渊纵马。中国的君王，大多数可与同患，难与处安。所以做臣下的在大名之下，往往难以久居。故老子早就有言在先：“功名，名遂，身退。”范蠡乘舟浮海，得以终身；文种不听劝告，饮剑自尽。此二人，足以令中国历史臣宦者为戒。不过，人的不幸往往就是“不能知足”。

人在世上，知足就能常乐，见好就收，才是真正的聪明。《红楼梦》中第一回就讲“因嫌纱帽小，致使锁枷扛”。这不就贪婪的结果？曾听朋友说起这样一件事，颇觉有趣：他的姑婆，一位思想守旧的老人家，一生没有穿过合脚的鞋子，她那鞋总是最大号的。儿孙辈们不解，就问她，她是这样回答的：“大鞋小鞋都花一样的钱，为什么不买大的？”

每每朋友说起这件事，总有一些人笑得直不起腰。但事实上，我们之中很多人就有姑婆这样的思想：明明身处不甚寒冷的南方，却偏偏要人给买貂绒大衣，结果显得那样不伦不类；明明肠胃不好，有人请吃海鲜就大快朵颐，结果身体受罪……这些人总是想着能多占就多占，其实只是被内在的贪欲推动着，就好像买了特大号的鞋子，忘了自己的脚一样。事实上，无论买什么鞋子，合脚才是最好，不论追求什么，最好还是适可而止。

然而，放眼看世间：权力场你争我斗，生意场上尔虞我诈，感情场上三心二意，股票场上得陇望蜀，最后往往都落得个鸡飞蛋打、人仰马翻，这不就是不知见好就收的结果。正所谓“知止所以不殆”，人的欲望沟壑永远也填不满，谁若是一味地追求欲望，那么一生都不会体会到满足的幸福。

这世上没有常青树，也没有常胜将军，在人生这段旅程上，此一时有此一时的想法，彼一时有彼一时的境遇，环境在变，人就要随着应变，以求做出最好的自我调整。无疑，“适可而止，见好就收”的心态，更能令我们清晰地认知外界的这种变化。

大千世界，潮涨潮落，阴晴圆缺，成败得失，悲欢离合，万物自有其自身的发展规律，许多时候并不是人力所能转移的，如果我们固执于此，岂不是自己给自己添堵？“深信高禅知此意，闲行闲坐任荣枯”，看看这是一种多么洒脱的境界，做人做事当能及此一二，人生必是另一番皆大欢喜的大好局面。

平淡生活，并不无趣

生命是一种轮回。人生之旅，去日不远，来日无多，权与势，名与利……统统都是过眼云烟，只有淡泊才是人生的永恒。

苦一点没什么，它会让你更懂得珍惜自己的所有，更懂得享受生活，你也就更能体味到生活的幸福滋味！

清清是一个细致的、朴素的女孩，是个大学二年级的穷学生。一个男生喜欢她，但同时也喜欢另一个家境很好的女生。在他眼里，她们都很优秀，也都很爱他，他为选择自己的另一半很犯难。有一次，他到那个很穷的女孩家玩，当走到她简陋但干净的房间时，他被窗台上的那瓶花吸引住了——一个用矿泉水瓶剪成的花瓶里插满了田间野花。

他被眼前的情景感动了，就在那一刻，他选定了谁将是他的新娘，那便是摆矿泉水花瓶的那个女孩。促使他下这个决心的理由很简单，那个女孩子虽然穷，却是个懂得如何生活的人，将来，无论他们遇到什么困难，他相信她都不会失去对生活的信心。

雅莉是个普通的职员，生活简单而平淡，她最常说的一句话就是：“如果我将来有了钱啊……”同事们以为她一定会说买房子买车，她的回答却令人们大吃一惊：“我就每天买一束鲜花回家！”“你现在买不起吗？”

同事们笑着问。“当然不是，只不过对于我目前的收入来说有些奢侈。”她也微笑着回答。一日，她在天桥上看见一个卖鲜花的乡下人，他身边的塑料桶里放着好几把雏菊，她不由得停了下来。这些花估计是乡下人批来的，又没有门面，所以花便宜得要命，一把才 5 元钱，如果是在花店，起码要 15 元！于是她毫不犹豫地掏钱买了一把。

她兴奋地把雏菊捧回了家，在她的精心呵护下这束花开了一个月。每隔两三天，她就为花换一次水，再放一粒维生素 C，据说这样可以让鲜花开放的时间更长一些。每当她和孩子一起做这一切的时候，都觉得特别开心。一束雏菊只要 5 元钱，但却给雅莉和家人带来了无穷的快乐。

关琳是某大型国企中的一名微不足道的小员工，每天做着单调乏味的工作，收入也不是很多。但关琳却有漂亮的身段，同事们常常感叹说：“关琳如果穿起时髦的高档服装，都能把一些大明星比下去！”对于同事的惋惜之词，关琳总是一笑置之。有一天，关琳利用休息时间清理旧东西，一床旧的缎子被面引起了她的兴趣——这么漂亮的被面扔了实在可惜，自己正好会裁剪，何不把它做成一件中式时装呢？等关琳穿着自己做的旗袍上班时，同事们一个个目瞪口呆，拉着她问是在哪里买的，实在太漂亮了！从此以后，关琳的“中式情结”一发不可收拾：她用小碎花的旧被单做了一件立领带盘扣的风衣，她买了一块红缎子面料稍许加工后，就让她常穿的那条黑长裙大为出彩……

三个身处不同环境的平凡女人有一个共同点：她们都能从平凡的生活中找到了属于自己的幸福。清清很穷，但她却懂得尽力使自己的生活精致起来；雅莉生活平淡，她却愿意享受平淡的生活，并为生活增添色彩；关琳无法得到与自己的美丽相称的生活，但她没有丝毫抱怨，还尽量利用已有的东西装点自己的美丽，所以最快乐的人并不是一切东西都是美好的，她们只是懂得从平淡的生活中获取乐趣而已。

其实，世界上的大多数人都并不伟大，但平凡的人生同样可以光彩夺目。因为任何生命——平凡的生命和伟大的生命，都是从零开始的。只是平凡的人离零近些，伟大的人离零远些。

追求平凡，并不是要你不思进取，无所作为，而是要你于平淡、自然之中，有一个实实在在的人生。平凡乃人生的一种境界。肤浅的人生，往往哗众取宠，华而不实，故弄玄虚，故作深沉；而平凡的人生，往往于平淡当中显本色，于无声处显精神。平凡在某种程度上来说，表现为心态上的平静和生活中的平淡。平淡的人生犹如山中的小溪，自然、安逸、恬静。平凡的人生也无须雕琢，刻意雕琢就会失去自然、失去本性。

身处红尘之中，日出而作，日落而息，无宠无辱，自在逍遥，持平凡心，做平凡人，自有享受平凡的妙处。持平凡心，无欲做伟人，则虽无伟人博大精深的威仪，但也没有高处不胜寒，举手投足左顾右盼的尴尬；持平凡心，无欲为高官，则虽无炙手可热、一呼百应的威势，但也不用煞费苦心伺机钻营，拍马溜须、见风使舵，也不会一朝马失前蹄树倒猢狲散，因贪欲难抑东窗事发身陷囹圄；持平凡心，无意经商成巨富，则虽无做大款纳小妾、居华屋坐名车挥金如土的威风，但也没有终日搏击商场、身心俱疲、满身铜臭、买空卖空，一朝船翻在阴沟，欲捧金碗却砸了瓷碗的处境。

做平凡人是一种享受：享受平凡，勤耕苦作有收获，不求名利少烦恼；享受平凡，看海阔天空飞鸟自在翱翔；看山清水秀，无限风光在眼前。享受平凡，不是消极，不是沉沦，不是无可奈何，不是自欺欺人。享受平凡是因为平凡中你才能体会到生活的幸福和可贵，幸福不是腰缠万贯、豪华奢侈，幸福不是位高权重、呼风唤雨，幸福是对平凡生活的一种感悟，只要你经历了平凡，享受了平凡，就会发现：平凡才是人生的真境界！

心灵富足，才是真富有

自然界的沧桑陵谷、沧海桑田，万物的生老病死，冥冥中自有注定，一切尽在生住异灭之中。你看那果子似未动，实则时刻皆在腐朽之中。纵使是人类赖以生存的地球，再历亿万年之久，也终将毁灭。名利，地位，金钱，莫不如是。既如此，我们又何必为物欲所累，惶惶不可终日呢？须知，纵使金银砌满楼，死去何曾带一文？

有这样一个传说：

很早以前有一位国王，名叫难陀。他非常贪心，拼命聚敛财宝，希望把财宝带到他的后世去。他心想：我要把全国的珍宝都收集起来，一点都不留。因为贪婪，他把自己的女儿放在高楼上，吩咐奴仆说："如果有人带着财宝来求我的女儿，把这个人连他的财宝一起送到我这儿来！"他用这样的办法聚敛财宝，全国没有一个地方会留有宝物，所有的财宝都进了国王的仓库。

那时有一个寡妇，她只有一个儿子，心中很是疼爱。这儿子看见国王的女儿姿态优美，容貌俏丽，很是动心。可他家里穷，没法结交国王的女儿。不久，他生起病来，身体瘦弱，气息奄奄。他母亲问他："你害了什么病，病成这样？"

儿子把实情告知于母亲："如果不能和国王的女儿交往，我必死无疑。"

"但国内所有的财宝都被国王收去了，到哪儿弄钱呢？"母亲又想了一阵，说道："你父亲死时，口中含了一枚金币，如果把坟墓挖开，可以得到那枚金币，你用它去结交国王的女儿吧。"

儿子依母亲所言，挖开父亲的坟墓，从口中取出金币。随后，他来到国王女儿那里。于是乎，他连同那枚金币一起被送去见国王。国王问道："国内所有的财宝，都在我的仓库之中，你从哪里得来这枚金币？一定是发现地下宝藏了吧！"

国王用尽种种刑具，拷问寡妇的儿子，想问出金币的来处。寡妇的儿子辩解道："我真没有发现地下宝藏。母亲告诉我，先父死时，放过一枚金币在口中，我就去挖开坟墓，取出了这枚金币。"

于是，国王派人去检验真假。使者前去，发现果有其事。国王听到使者的报告，心想：我先前聚集这么多宝物，想把它们带到后世。可那个死人却连一枚金币也带不走，我要这些珍宝又有何用？"

从此，国王不再敛财，一心教化民众，他的国家也因此日渐兴盛。

虽是传说，但道理很透彻。为人，应淡看富与贵。要知道，有所求的乐，如腰缠万贯，乃至一国之尊的富贵，是混沌和短暂的；无所求的乐，即"身心自由无欲求"的富贵心态，才是一种纯粹和永恒的乐。人生中真正有价值的，是拥有一颗开放的心，有勇气从不同的角度衡量自己的生活。那样，生命才会不断更新，每一天都会充满惊喜。

有这样一个企业家，他为了让自己那整日精神不振的孩子懂得知福、惜福，便将其送到当地最贫穷的村落住了一个月。一个月后，孩子精神饱满地回来了，脸上并没有带着被“下放”的不悦，这让企业家感到很是不可思议。

他想知道孩子有何领悟，便问儿子：“怎么样？现在你应该知道，不是每个人都能像我们过得这样好吧？”

儿子说：“不，他们的日子比我们好。我们晚上只有电灯，而他们有满天星辰；我们必须花钱才买到食物，而他们吃的是自己栽种的免费粮食；我们只有一个小花园，可对他们来说，山间到处都是花园；我们听到的是城市里的噪音，他们听到的却是大自然的天籁之音；我们工作时精神紧绷，他们一边工作一边哼着歌；我们要管理佣人、管理员工，有操不完的心，他们只要管好自己；我们要关在房子里吹冷气，他们却能在树下乘凉；我们担心有人来偷钱，他们没什么好担心的；我们老是嫌饭菜不好吃，他们有东西吃就很开心；我们常常无故失眠，他们每夜都睡得很香……

人生的价值究竟应怎样诠释？每个人心中都有一个答案。但事实上，金钱绝不是衡量人生的标准，为金钱而活只是愚人的行径，智者追求的财富除了金钱以外，还会包括健康、青春、智慧……

物质上的富有只是一种狭隘、虚浮的富有，而心灵上的富足，才是真正的富有。人生的真正价值应在于，你能否利用有限的精力，为这世界创造无限的价值。一如露珠，若在阳光下蒸发，它只能成为水汽；若能滋润其他生命，它的价值就得到了升华，这才是真正的价值所在。

有高贵的心，就是高贵的

高贵的生活不是高贵的诠释，真正决定一个人高贵与否的，不是他的身份和地位，而是在他的胸腔里跳动的是怎样的心。

庄严肃穆的佛家圣地五台山下，几个衣着华丽的帅哥靓女提着新鲜水果欲潇洒地驾着豪华跑车离去，一个两鬓斑白的老人家拦住他们讨要梨钱，这些人一脸的鄙夷，“穷人就是穷人，这点小钱也斤斤计较，拿去，给你买棺材吧！”话落，几张百元钞票甩出窗外，跑车一声轰鸣，绝尘而去。

这些人，就是穷人。他们的穷不在物质上，而是在胸腔里跳动着一颗贫穷的心！

贫穷的生活本身，的确不值得刻意颂扬，可身处清贫中，仍然心高洁，就会散发出人性的光芒；富贵生活本身也不是什么坏事，可富而忘本、为富不仁，无论如何也不能称之为“高贵”。

人，最大的愚昧和悲哀，莫过于在自己营造的文明中迷失而不自知。

贫与富，并不仅仅由物质来衡定，而是取决于心，物质之富，有时人力实在不能左右，但至少可以守住心中的一份傲然与清朗。

著名男演员、剧作家、导演金士杰早年带领一群热爱戏剧的演员刚创办兰陵剧团时可谓一穷二白。1979年，在舞台剧几乎处于荒漠的台湾地区，兰陵剧团出现了。金士杰和团里的所有演员都是白天做苦力，晚上排练创作，零酬劳演出。这个剧团的成立没花什么钱，但也没赚一分钱。于是就有朋友关心金士杰怎么生存：你总有三餐不继的时候，总有付房租的时候，那时你怎么对付？

金士杰的生存方式很独特。

金士杰有个朋友家境很好。有次金士杰去她家里做客，吃饭时，他吃着吃着就感叹起来："桌上菜这么多，都很好吃。你们平常都这样吃吗？每次吃不完怎么办？"朋友答："还能怎么办呢，该倒就倒掉。"

金士杰顿时两眼放光："那让我来替你们做一个义务的食客怎么样？"朋友拍掌说："很好，欢迎欢迎！"

金士杰却一本正经地说："你先别着急欢迎。我们先把条件说清楚：第一，我不定时来，但我来之前会先打电话问清楚你家有没有剩饭、方不方便，有且方便的话，我就来；第二，我来只吃剩饭，等你们家人全部吃饱撤了，确定摆的都是剩饭剩菜我才开吃，而且，不可以因为我来就故意加一个菜，那样就算犯规；第三，我吃剩菜剩饭的时候旁边不可以站着人，因为他（她）一旦和我打招呼，我就得很客气地回应，这样客套来客套去我就没办法当专业食客了；第四，吃完之后我要很干净利落地走，不可以有人跟我说再见，如果非得这样客套的话，我心里就会有负担，那样下次我就不来了。总结一句话：我要完全没有负担地当一名剩菜剩饭的食客。"

朋友听完他的话觉得很逗，当场就答应了所有条件。此后，金士杰果真好几次去朋友家当食客，吃得非常开心。他还幻想着：我要有30个这样的朋友，一个月就能过得蛮富足了。

抱着这样的心态过苦日子，金士杰带领剧团一路坚持下来。第一次演出，他们还是没有钱。离他们不远的地方有个大礼堂搁置着没用，他们就把那里打扫出来当舞台；没服装，他们就各自掏腰包买一套功夫裤穿在身上；没灯光，他们就各自从家里搬来一两个打麻将用的麻将灯，再加长电线，往插板上一插，灯就亮了；没东西化妆，他们就素颜上场；没有人宣传，他们就自己拿来纸笔，涂涂画画，一张大海报就贴到了师范大学的门口。

一切准备就绪。演出那天，观众席只坐了二三十人，人不多，但大部分人都是中国台北文化界的精英。他们看完演出之后对金士杰这样说："台北市等你们这群人等了很久了，你们终于来了。你们要演下去，拜托你们一定要演下去！"

金士杰带领大家照做了。历经一年多的非正式演出，兰陵剧团终于走上正式的舞台。1980年，金士杰编导的《荷珠新配》参加了第一届"实验剧展"，首演一炮而红。一时间，兰陵剧团声名大噪，金士杰也一跃成为中国台湾现代剧场的领军人物之一。

多年之后金士杰将当年自己当"专业食客"的事情说给一堆人听。说完之后他感慨："我说这些事，除了好玩，除了说明我的脸皮厚以外，还有个很重要的原因。我觉得，我们的这种穷完全不需要自卑，不需要脸红，因为我深深知道我们在做什么——我们把我们的头脑、智慧、创作拿出来献给社会，以至于我们没有工夫赚钱。我们是在做很重要的事情，所以，从某种意义上来说，我们这个穷不是穷，而是富，不是缺，而是足。"

人，应该平静地面对生活给予的一切，不要让欲望这个没有止境的黑洞来洞穿心灵。因为一旦心灵上有了缺口，那么冷风就会肆无忌惮地在其中来回穿行，让人终生失去温暖，变得孤单而寒冷。

有高贵的心，就算身陷淤泥之中，也能开出不染的莲花。古人说：“托钵僧之心始可贵。”包含着对人性终极意义的深刻领悟。那些说“斯是陋室，惟吾德馨”的人，必是高贵之人，他们虽然贫寒，金钱匮乏，却活得坦然，从容，人穷而德馨。

闲敲棋子看落花

人生在世，不见得都会权倾四野和威风八面，也就是说最舒心的享受不一定是荣誉的满足，而是性情的安然与恬淡。因此说，荣辱不惊，用一颗平常心去对待、解析生活，就能领悟到生活的真谛。《菜根谭》上说：“此身常放在闲处，荣辱得失谁能差遣我；此身常在静中，是非利害谁能瞒昧我。”意思是说，经常把自己的身心放在安闲的环境中，世间所有的荣华富贵和成败得失都无法左右我，经常把自己的身心放在安宁的环境中，人间的功名利禄和是是非非就不能欺骗蒙蔽我了。平常心是一种人生的美丽，非淡泊无以明志，非宁静无以致远。不虚饰，不做作，襟怀豁然，洒脱适意的平常心态不仅给予你一双潇洒和洞穿世事的眼睛，同时也使你拥有一个坦然充实的人生。

在社会竞争日益激烈的今天，有一种平和的心态，对身体的健康和事业的成败都是至关重要的。当然，平常心是一种经历失败与挫折，不断奋斗努力，才能历练出的人生境界。它不为一切浮华沉沦，不为虚荣所诱。

时光荏苒，人生短暂。要快乐地品尝人生的盛宴，需要有一份荣辱不惊、不卑不亢的平常心态。即使身份卑微，也不必愁眉苦脸，要快乐地抬起头，尽情地享受阳光；即使没有骄人的学历，也不必怨天尤人，而要保持一种积极拼搏的人生态度；当我们出入豪华场所，用不着为自己过时的衣着而羞愧；遇见大款老板、高官名人，也用不着点头哈腰，不妨礼貌地与他们点头微笑。

我们用不着羡慕别人美丽的光环，只要我们拥有一份平和的心态，尽自己所能，选择自己的人生目标，勇敢地面对人生的各种挑战，无愧于社会、无愧于他人、无愧于自己，那么，我们的心灵圣地就一定会阳光灿烂，鲜花盛开。

荣辱不惊，是一种处世智慧，更是一门生活艺术。人生在世，生活中有褒有贬，有毁有誉，有荣有辱，这是人生的寻常际遇，不足为奇。古往今来无数事实证明，凡事有所成、业有所就者无不具有"荣辱不惊"这种极宝贵的品格。荣也自然，辱也自在，一往无前，否极泰来。

在现实生活中难免会遭到不幸和烦恼的突然袭击，有一些人，面对从天而降的灾难，处之泰然，总能使平常和开朗永驻心中；也有一些人面对突变而方寸大乱，甚至一蹶不振，从此浑浑噩噩。为什么受到同样的心理刺激，不同的人会产生如此大的反差呢？原因在于能否保持一颗平常心，荣辱不惊。

著名女作家冰心曾亲笔写下这样一句话："有了爱就有了一切。"看到这句话，不禁让人感到一种身心的净化，受到一种圣洁灵魂的感染。在冰心的身上，永远看到的是一个人生命力的旺盛，看到的是一颗跳动了近百年的、在思考、在奋斗的年轻、从容的心。曾经，冰心在中国作协扫了两年厕所，六十多岁的老人每天早上六点赶车上班。老了之后尽管行动不便，每早起床就大量阅报读刊，了解文坛动态，然后就握笔为文，小说、散文、杂文、自传、评论、序跋，无所不写。在遗嘱里她还写下了这样的句子：“我悄悄地来到这个世上，也愿意悄悄地离去。”

成功时不心花怒放，莺歌燕舞，纵情狂笑，失败时也绝不愁眉紧锁，茶饭不思，夜不能寐。拥有了一颗平常心，就拥有了一种超然，一种豁达，故达观者宠亦泰然，辱亦淡然。成功了，向所有支持者和反对者致以满足的微笑；失败了，转过身揩干痛苦的泪水。

实际上，生活就如同弹琴，弦太松弹不出声音，弦太紧会断，保持平常心才是悟道之本。古今中外的大多数伟人，他们沉着冷静，遇事不慌，及时应变，正确判断所处局势，取得了令人瞩目的成就。一般来说，人们只要不是处在疯狂或暴怒的状态下，都能够保持自制并做出正确的决定。荣辱不惊的情绪，不仅平时可以给生活带来幸福稳定和畅快，而且能在大难临头的时候，帮助你转危为安，逢凶化吉。

在平常心的世界里，一切都被看得平平常常，即“宠辱不惊，看庭前花开花落，去留无意，望天空云卷云舒”。平常的生命、平常的生活一经升华，就会变得不那么平常起来。因为，生命和生活是美丽的，这种美丽，恰恰蛰伏于最容易被我们忽略的平平常常之中。没有珍惜平常的人，不会创造出惊天动地的伟业，没有把平常日子过好的人，体味不到人生的幸福，因为平常孕育着一切，包容着一切，一切都蕴含在平常之中。

大睡一场又如何？

人，总是给自己许多负担、烦恼，这一切都是来自不满足。钱，不管多少，似乎永远都不够花，所以逼着自己去拼命赚钱，把自己当成机器来使；自己的孩子，不管多么聪明乖巧，似乎永远都不够优秀，所以绞尽脑汁去培养他、鞭策他，全然不管他小小年纪是否承受得了；心烦事，永远都是才下眉头又上心头，根本排除不了……人活着，累！真累！所以忍不住有人喟叹，如果能像动物那样什么都不用操心，吃饱就睡、睡够就玩该有多好！

没问题，你当然可以那样，为什么不可以呢？只要你能够学会动物的那种心态。

猫：它从来不会为任何事情发愁。如果感到有些焦虑不安，或者稍微有一点情绪紧张的话，它就会立刻去大睡一觉，让焦虑感消失。

狗：它是一种极善忘记的动物。不管曾经遭受过什么痛苦，它都会在短短的时间内完全忘记，继而尽情享受眼前的欢乐，细细咀嚼找到的骨头，或是在草地上快乐地奔跑。

鸟：可谓是最懂得享受生命的一族。即便在最忙碌的时候，它们也会时不时停下来站在枝头唱会儿歌。你可以反驳说这是它们在为求偶而努力，但是别忘了，哪怕繁殖季节已过，唱歌的鸟儿依然比比皆是。

狮子：最懒也是最勤快的动物之一。想睡觉时它们会半天半天地赖在窝里一动不动，肚子饿时它们就会飞奔起来捕食。运动对于它们来说是家常便饭，或者干脆说是每日的必修功课。它们永远不会为已经过去的事情懊悔，也不会为还没有到来的事情担忧。

其实，这种朴素简单、自然自在的生活方式不只是存在于动物的世界里，有一部分人也在这样坚持着，因为这正是人类长期以来所追求的健康长寿法则。

其实，越是自然，越是简单，就越接近修身养性的真谛。既然如此，我们干吗还要固执于人类的身份，大睁着疲倦的双眼，拖着疲惫的身子，拼了命地追求那些身外之物？抛开一切，大睡一场又如何？

幸福是简单的。幸福与快乐源自内心的简约，简单使人宁静，宁静使人快乐。人心随着年龄、阅历的增长而越来越复杂，但生活其实十分简单。保持自然的生活方式，不因外在的影响而痛苦抉择，便会懂得生命简单的快乐。

简单就是剔除生活中繁复的杂念、拒绝杂事的纷扰；简单也是一种专注，叫作“好雪片片，不落别处”。生活中常听一些人感叹烦恼多多，到处充满着不如意；也常听到一些人抱怨无聊，时光难以打发。其实，生活是简单而且丰富多彩的，痛苦、无聊的是人们自己而已，跟生活本身无关；所以是否快乐、是否充实就看你怎样看待生活、发掘生活。如果觉得痛苦、无聊、人生没有意思，那是因为不懂快乐的原因！

快乐是简单的，它是一种自酿的美酒，是自己酿给自己品尝的；它是一种心灵的状态，是要用心去体会的。简单地活着，快乐地活着，你会发现快乐原来就是：“众里寻他千百度，蓦然回首，那人却在灯火阑珊处。”

简单的生活，快乐的源头，为我们省去了汲汲于外物的烦恼，又为我们开阔了身心解放的快乐空间。“简单生活”并不是要你放弃追求，放弃劳作，而是要我们抓住生活、工作中的本质及重心，以四两拨千斤的方式，去掉世俗浮华的琐务。

来去潇洒，有舍有得

在人生旅程中，的确有很多东西都是靠努力打拼得来的，因其来之不易，所以我们不愿意放弃。比如让一个身居高位的人放下自己的身份，忘记自己过去所取得的成就，回到平淡、朴实的生活中去，肯定不是一件容易的事情。但是有时候，你必须放下已经取得的一切，否则你所拥有的反而会成为你生命的桎梏。

生命的整个过程总不会是一帆风顺，成与败，得与失，都是这个过程的装饰，一路走来繁花锦簇也好，萧瑟凄凉也罢，终究会成为过眼云烟，重要的是自己心里的感受。

《茶馆》中常四爷有句台词 :“旗人没了，也没有皇粮可以吃了，我卖菜去，有什么了不起的？”他哈哈一笑。可孙二爷呢？“我舍不得脱下大褂啊，我脱下大褂谁还会看得起我啊？”于是，他就永远穿着自己的灰大褂，可他就没法生存，他只能永远伴着他那只黄鸟。

生活中，很多人舍不得放下所得，这是一种心肠狭隘的表现，这种狭隘不但使他们享受不到“得到”的幸福与快乐，反而会给他们招来杀身之祸。秦朝的李斯，就是这样的一个很好的例证。

李斯曾经位居丞相之职，一人之下，万人之上，荣耀一时，权倾朝野，虽然当他达到权力地位顶峰之时，曾多次回忆起恩师“物忌太盛”的话，希望回家乡过那种悠闲自得、无忧无虑的生活，但由于贪恋权力和富贵，所以始终未能离开官场，最终被奸臣陷害，不但身首异处，而且殃及三族。李斯是在临死之时才幡然醒悟的，他在临刑前，拉着二儿子的手说：“真想带着你哥和你，回一趟上蔡老家，再出城东门，牵着黄犬，逐猎狡兔，可惜，现在太晚了！”

心理专家分析，一个人若是能在适当的时间选择做短暂的“隐退”，不论是自愿的还是被迫的，都是一个很好的转机，因为它能让你留出时间观察和思考，使你在独处的时候找到自己内在的真正的世界。尽管掌声能给人带来满足感，但是大多数人在舞台上的时候，其实却没有办法做到放松，因为他们正处于高度的紧张状态，反而是离开自己当主角的舞台后，才能真正享受到轻松自在。虽然失去掌声令人惋惜，但“隐退”是为了进行更深层次的学习，一方面挖掘自己的潜力，一方面重新上发条，平衡日后的生活。

作家尹萍曾经做过杂志主编，翻译出版过许多知名畅销书，她在四十岁事业最巅峰的时候退下来选择了当个自由人，重新思考人生的出路，后来她说：“在其位的时候总觉得什么都不能舍，一旦真的舍了之后，才发现好像什么都可以舍。”

事实上，全身而退是一种智慧和境界。为什么非要得到一切呢？活着就是老天最大的恩赐，健康就是财富，你对人生要求得越少，你的人生就会越快乐。对于我们这些平凡人来说，能怀一颗平常善良之心，淡泊名利，对他人宽容，对生活不挑剔、不苛求、不怨恨。富不行无义，贫不起贪心，这就是一种人生的练达。

得失成败，人生在所难免；潇洒来去，苦乐皆成人生美味。

历尽繁华，愿你温润如初

当一生的浮华都化作云烟，一世的恩怨都随风飘散，若能依旧两手相牵，又何惧姿容褪尽、鬓染白霜？活在真实的世界里，让心，在繁华过尽依然温润如初。

那一缕缕幽香。

那年情人节，公司的门突然被推开，紧接着两个女孩抬着满满一篮红玫瑰走了进来。

“请茹茹小姐签收一下。”其中一个女孩礼貌地说道。

办公室的同僚们都看傻眼了，那可是满满一篮红玫瑰，这位仁兄还真舍得花钱。正在大家发怔之际，文文打开了花篮上的录音贺卡：“茹茹，愿我们的爱情如玫瑰一般绚丽夺目、地久天长——深爱你的峰。”

“太幸福了！”办公室开始嘈杂起来，年轻女孩子都围着茹茹调侃，眼中露出难以掩饰地羡慕光芒。

年过30的女主管看着这群丫头微笑着，眼前的景象不禁让她想起了自己的恋爱时光。

老公为人有些木讷，似乎并不懂得浪漫为何物，她和他恋爱的第一个情人节，别说满满一篮红玫瑰，他甚至连一枝都没有卖。更可气的是，他竟然送了她一把花伞，要知道“伞”可代表着“散”的意思。她生气，索性不理他，他却很认真地表白：“我之所以送你花伞，是希望自己能像这伞一样，为你遮挡一辈子的风雨！”她哭了，不是因为生气，而是因为感动。

诚然，若以价钱而论，一把花伞远不及一篮红玫瑰来得养眼，但在懂爱的人心中，它们拥有同样的内涵，它们同样是那般浪漫。

爱，不应以车、房等物质为衡量标准；在相爱的人眼中，不应有年老色衰、相貌美丑之分。爱是文君结庐当酒的执着与洒脱，爱是孟光举案齐眉的尊重与和谐，爱是口食清粥却能品出甘味的享受与恬然，爱是“执子之手，与之偕老”的生死契阔。在懂爱的人心中，爱俨然可以超越一切的世俗纷扰。

爱的故事又何止千万？其中不乏欣喜、不乏悲戚；不乏圆满、不乏遗憾。那么，看过下面这个故事，不知大家从中能够领会到什么。

雍容华贵、仪态万千的公主爱上了一个小伙儿，很快，他们踩着玫瑰花铺就的红地毯步入了婚姻的殿堂。故事从公主继承王位、成为权力威慑无边的女王说起。

随着岁月的流逝，女王渐渐感到自己衰老了，花容月貌慢慢褪去，不得不靠一层又一层的化妆品换回昔日的风采。“不，女王的尊严和威仪绝不能因为相貌的萎靡而减损丝毫！”女王在心中给自己下达了圣旨，同时她也对所有的臣民，包括自己的丈夫下达了近乎苛刻的规定：不准在女王没化妆的时候偷看女王的容颜。

那是一个非常迷人的清晨，和风怡荡，柳绿花红，女王的丈夫早早起床在皇家园林中散步。忽然，随着几声悦耳的啁啾鸟鸣，女王的丈夫发现树端一窝小鸟出世了。多么可爱的小鸟啊！他再也抑制不住内心的喜悦，飞跑进宫，一下子推开了女王的房门。女王刚刚起床，还没来得及洗漱，她猛然一惊，仓促间回过一张毫无粉饰的白脸。

结局不言而喻，即使是万众敬仰的女王的丈夫，犯下了禁律，也必须与庶民同罪——偷看女王的真颜只有死路一条。

女王的心中充满了悲哀，她不忍心丈夫因为一时的鲁莽和疏忽而惨遭杀害，但她又绝不能容忍世界上任何一个人知道她不可告人的秘密。斩首的那一天，女王泪水涟涟地去探望丈夫，这些天以来，女王一直渴望知道一件事，错过今日，也就永远揭不开谜底了。终于，女王问道：“没有化妆的我，一定又老又丑吧？”

女王的丈夫深情地望着她说：“相爱这么多年，我一直企盼着你能够洗却铅华，甚至摘下皇冠，让我们的灵魂赤诚相融。现在，我终于看到了一个真实的妻子，终于可以以一个丈夫的胸怀爱她的一切美好和一切缺欠。在我的心中，我的妻子永远是美丽的，我是一个多么幸福的丈夫啊！”

故事最后的结局呢？显然已不重要！它让我们知道，真正的爱情可以穿越外表的浮华，直达心灵深处。然而，喜爱猜忌的人们却在人与人之间设立了太多屏障，乃至于亲人、爱人之间也不能以坦然相对。除去外表的浮华，卸去心灵的伪装，活在真实的世界里，才可以实现人与人之间的真正融合。